깐깐한
중학영문법
N제

저자 Wiz Tool 영어 연구소

3

 랭기지플러스

초판인쇄	2015년 11월 24일
초판3쇄	2018년 4월 12일

저자	Wiz Tool 영어 연구소
펴낸이	엄태상
책임 편집	장은혜, 이효리, 김효은, 양승주
디자인	박경미
제작	조성근, 전태준
마케팅	이승욱, 오원택, 전한나, 왕성석
온라인 마케팅	김마선, 유근혜, 김제이
경영지원	마정인, 최윤진, 김예원, 양희운, 박효정

펴낸곳	랭기지플러스
주소	서울시 종로구 자하문로 300 시사빌딩
주문 및 교재 문의	1588-1582
팩스	(02)3671-0500
홈페이지	http://www.sisabooks.com
이메일	sisabooks@naver.com
등록일자	2000년 8월 17일
등록번호	1-2718호

ISBN 978-89-5518-617-8 (53740) / 978-89-5518-622-2(set)

문법의 조각 그림 맞추기

'F.r.a.g.m.e.n.t'는 무엇일까요? 1000피스 퍼즐을 맞춰 본 적 있나요? 처음에는 그 조각들이 의미하는 것이 무엇인지 모르다가 하나하나 조각이 맞춰지면서 비로소 그 그림을 이해하게 됩니다. 이 책은 수많은 문법의 피스, 즉 'Fragment'로 되어 있습니다. 동사의 조각, 명사의 조각 등을 맞추다 보면 문법이라는 넘기 힘든 그림이 눈앞에 딱 맞춰져 있는 것을 경험하게 될 것입니다.

이제 절대평가의 시대로 바뀌었습니다. 혹자들은 절대평가의 시대가 되면 영어의 중요성이 반감될 것이라고 합니다. 도리어 절대평가로 바뀌면서 '수능'과 '내신'이라는 두 마리 토끼를 가장 효율적으로 잡는 것이 중요해졌습니다. 수능과 내신을 위해서는 정확하지 않은 지식은 용납되지 않아 기본기를 잘 갖추어야 합니다. 그렇기 때문에 우리는 하나하나의 조각 그림을 맞추듯이 영어의 뼈대가 되는 문법을 완성하려고 합니다. 중간에 포기하는 사람 없이 좀 더 효율적이고 쉽게 목표에 도달할 수 있도록 '절대평가 깐깐한 중학 영문법 N제'가 도와드릴 것입니다.

한 조각이라도 정확한 곳에 맞추지 않으면 다른 조각까지 자리를 못 찾게 됩니다. 그 때문에 지루하다 싶을 정도로 기본이 되는 부분을 반복 연습하여 정확하고 확실하게 문법을 익히는 것이 중요합니다. 정확하게 알 때까지 반복 연습한다는 것, 이것이 '깐깐한'이라는 형용사가 붙은 이유입니다.

자주 바뀌는 정부의 시책으로 혼란스러운 영어 학습 환경에서 여러분의 확실하고 든든한 길잡이가 될 '절대평가 깐깐한 중학 영문법 N제' 시리즈와 함께 더 넓은 영어의 세계로 도전해 보시기 바랍니다.

이상
여러분의 손 안에 현명한 친구가 될 WizTool 영어 연구소 선생님들이…

절대평가 시대 왜 '절대문항 깐깐한 중학 영문법 N제'여야 하나?

절대평가 ▼

교육부의 발표대로 수능 영어가 상대평가에서 절대평가 체제로 바뀌었습니다. 즉 모든 학생의 점수를 백분율에 따라 등급을 매기는 상대평가에서 다른 학생과 비교할 필요 없이 일정 수준의 점수에만 도달하면 해당 등급을 받게 되는 체제로 달라졌습니다. 그럼, 어떤 대비를 해야 할까요?

우선 "Return to Basic" 기본으로 돌아가야 합니다. 기본을 확실하게 익히는 학습을 통해 문제 해결 원리에 대한 자기만의 방식을 구축해야 합니다. 또한 수능만큼 중요해진 내신을 위한 공부도 병행해야 할 것입니다. 영어는 시험에 따라 학습하는 방법이 달라지는 것이 아닙니다. 수능도 내신도 같은 기본에서 출발하는 것임을 잊어서는 안 됩니다.

'절대평가 깐깐한 중학 영문법 N제' 시리즈로 내신과 수행평가부터 수능 학습의 기본까지 모두 한 번에 해결할 수 있는 "Solving Through" 시스템을 경험해 보세요.

깐깐한 ▼

이 책은 새로운 교육과정 연구부터 시작하여 각 학교의 내신 기출 문제 분석, 그리고 변화된 절대평가 수능시험 대비까지 변화된 영어 교육 환경에 가장 잘 맞도록 준비한 책입니다. 또한 새로운 교육과정의 최대 변화인 말하기에 필요한 어휘를 각각의 문제에 최대한 반영하여 자연스럽게 언어소통 기능을 습득할 수 있도록 하였습니다. 또한 현장에 계시는 여러 선생님들의 의견을 반영하여 실전에 대비할 수 있는 문제를 엄선하여 수록하였습니다. 또한 최신 트렌드와 학생들의 관심사를 최대한 예문에 담아 학생들이 흥미를 갖고 영어를 학습할 수 있도록 했습니다.

중학 영문법 N제 ▼

지나치게 많은 문제 제시는 효율적인 학습에 역행하는 학습 방법입니다. '절대평가 깐깐한 중학 영문법 N제'는 철저한 분석을 통해 학생들이 꼭 해야만 하는 학습 분량을 설정하고 학년에 따라 수행해야 할 과업에 차이를 두어 학년의 단계에 맞게 성취감을 고취시키도록 하였습니다. 구색 맞추기식 억지 문제를 내지 않고 꼭 필요한 문제만을 넣겠다는 집필진의 의지를 이름에 담아 'N제'로 하였습니다.

이 책의
구성

● **Fragment 설명**

문법을 항목별로 세세하게 구분하여
문법의 기초 개념을 꼼꼼하게 다질
수 있게 하였습니다.

● **확인 문제 type A**

해당 문법에 대한 문제 풀이를 통해 문법을
이해했는지 확인할 수 있도록 구성하였습니
다. 반복 연습을 통해 복습은 물론 다른 단
원과의 연계 학습이 가능하도록 하였습니다.

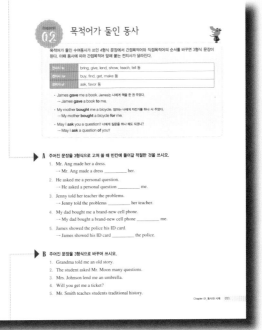

● **효율적인 Example**

해당 문법을 대표하는 예문을 제시하
여 예문을 통해 문법의 사용을 확실
히 익힐 수 있도록 하였습니다.

● **확인 문제 type B**

문법 연습뿐만 아니라 의사소통 능력을 높일
수 있는 실용적인 예문이 담긴 다양한 형태
의 문제를 제시하였습니다.

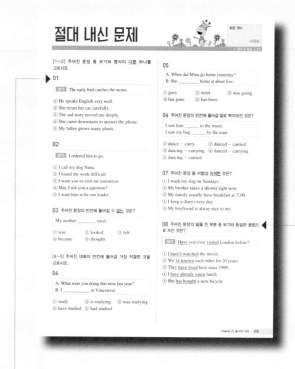

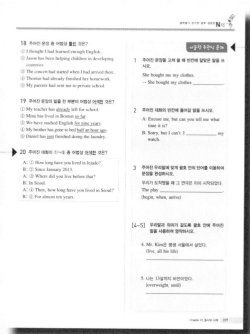

절대 내신 문제

08 문제

수행평가, 쪽지시험 등 수시평가에
대비할 수 있는 문제를 실어 실력을
높일 수 있게 하였습니다.

주관식 서술형 문제

내신 시험에 대비할 수 있도록
주관식 서술형 평가 문제를
강화하였습니다.

01 문제

기존 내신 문제를 분석하여 실제 시
험에 나올 만한 문제를 엄선하여 수
록해 내신에 완벽하게 대비할 수 있
도록 실전 시험 문제 형식으로 구성
하였습니다.

20 문제

의사소통 기능에 기반을 둔 대화 형태의
문제도 다수 수록하여 내신 시험에 대한
다양한 대비는 물론 'Spoken English'의
기초 확립에도 도움이 되도록 하였습니다.

수능
절대 문항
맛보기
정답 및 해설 P. 007

01 다음 글에서 밑줄 친 부분 중, 어법상 틀린 것은?

The Sun was man's first clock. Long ago men ① <u>guessed</u> at the time of day by watching the Sun as ② <u>it</u> moved across the sky. Then men noticed that the shadow changed length and moved during the day. They found they could tell the time more accurately by watching shadows than ③ <u>by looking</u> at the Sun. From this it was an easy step to inventing the sundial. The first sundials were probably just poles stuck into the ground with stones ④ <u>placing</u> around the pole to mark the position of the shadow. Sundials ⑤ <u>have been</u> in use for many centuries and are still in use today.

02 (A), (B), (C) 각 네모 안에서 어법에 맞는 표현을 골라 짝지은 것은?

In the 1700s, King George III of England (A) founded / had founded a peculiar holiday — Bean Day! While inspecting the construction of a military establishment near London, he smelled something cooking. It was baked beans and bacon. (B) Hearing not / Not having heard of the dish before, the king (C) sat / seated down and ate it with his workers. Because he so enjoyed this feast with his subjects, the king instituted a yearly bean celebration.

	(A)	(B)	(C)
①	founded	Hearing not	sat
②	founded	Hearing not	seated
③	had founded	Not having heard	seated
④	had founded	Hearing not	seated
⑤	founded	Not having heard	sat

● **문제 1**
내신과는 다른 형태인 수능 문제를 접해 보도록 수능 맛보기 문제를 실었습니다. ①~⑤ 중 틀린 문법을 고르는 문제를 통해 문법 사항을 체크하고 문법을 적용하는 법을 익히도록 하였습니다.

● **문제 2**
네모 안에 들어갈 3가지를 고르는 문법 문제를 풀어 봄으로써 수능에 나오는 문법 문제의 유형을 익힐 수 있도록 하였습니다.

정답 및 해설 ●
정확한 해석과 핵심 설명으로 문제 풀이의 핵심만을 정리하였습니다.

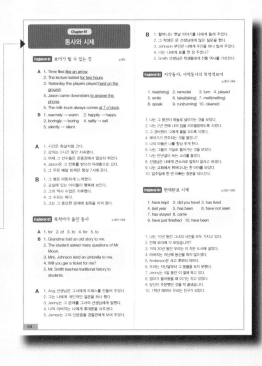

이 책의 차례

Chapter 01

동사와 시제

보어가 될 수 있는 것

자동사는 목적어를 동반하지 않는 동사이다. 자동사가 온 문장이 길어지는 이유는 뒤에 부사(구)가 오기 때문이다. 이때 부사구를 문장의 구성요소(보어, 목적어)와 혼동해서는 안 된다.

<u>I</u> <u>live</u> <u>in a beautiful town</u>. 나는 아름다운 도시에서 살고 있다.
주어 동사　　부사구

불완전자동사(2형식)는 뒤에 보어를 동반해야 하는데 부사는 보어로 올 수 없고 명사나 형용사가 와야 적절하다.

A 주어진 문장에서 문장 구성의 필수요소가 아닌 부사(구)에 밑줄 그으시오.

1. Time flies like an arrow.

2. The lecture lasted for two hours.

3. Yesterday the players played hard on the ground.

4. Jason came downstairs to answer the phone.

5. The milk truck always comes at 7 o'clock.

B 주어진 문장에서 <u>틀린 곳</u>을 찾아 바르게 고쳐 쓰시오.

1. The bottle felt warmly.

2. The children in the class seem happily.

3. His history class was boringly.

4. The soup tastes saltly.

5. He has remained silently on the important issues.

목적어가 둘인 동사

목적어가 둘인 수여동사가 쓰인 4형식 문장에서 간접목적어와 직접목적어의 순서를 바꾸면 3형식 문장이 된다. 이때 동사에 따라 간접목적어 앞에 붙는 전치사가 달라진다.

전치사 to	bring, give, lend, show, teach, tell 등
전치사 for	buy, find, get, make 등
전치사 of	ask, favor 등

- James **gave** me a book. James는 나에게 책을 한 권 주었다.
  → James **gave** a book **to** me.

- My mother **bought** me a bicycle. 엄마는 나에게 자전거를 하나 사 주었다.
  → My mother **bought** a bicycle **for** me.

- May I **ask** you a question? 너에게 질문을 하나 해도 되겠니?
  → May I **ask** a question **of** you?

A 주어진 문장을 3형식으로 고쳐 쓸 때 빈칸에 들어갈 적절한 것을 쓰시오.

1. Mr. Ang made her a dress.
   → Mr. Ang made a dress _____ her.

2. He asked me a personal question.
   → He asked a personal question _____ me.

3. Jenny told her teacher the problems.
   → Jenny told the problems _____ her teacher.

4. My dad bought me a brand-new cell phone.
   → My dad bought a brand-new cell phone _____ me.

5. James showed the police his ID card.
   → James showed his ID card _____ the police.

B 주어진 문장을 3형식으로 바꾸어 쓰시오.

1. Grandma told me an old story.
2. The student asked Mr. Moon many questions.
3. Mrs. Johnson lent me an umbrella.
4. Will you get me a ticket?
5. Mr. Smith teaches students traditional history.

지각동사, 사역동사의 목적격보어

	목적격보어의 형태	
	능동	수동
지각동사(feel, see, watch, look, hear, …)	동사원형, 현재분사	과거분사
사역동사(have, make, let, …)	동사원형	과거분사

I **saw** him **stand(standing)** there. 나는 그가 거기에 서 있는 것을 보았다.

Jenny **heard** her name **called** in the street. Jenny는 길에서 그녀의 이름이 불리는 것을 들었다.

My father **made** me **stay** home. 아버지는 나를 집에 머무르게 했다.

I will **have** my car **fixed** by a mechanic. 나는 그 수리공에게 내 차를 고치도록 시킬 것이다.

주어진 문장의 알맞은 목적격보어 형태를 빈칸에 써 넣으시오.

1. I saw the ballon _____ in the sky. (rise)

2. I had my house _____ two years ago. (remodel)

3. The guard made him _____ the lights off. (turn)

4. Did you hear the national anthem _____? (play)

5. My son always makes me _____. (smile)

6. I saw them _____ in the dining room. (take)

7. I heard the ice cap _____. (melt)

8. My teacher doesn't let me _____ loudly. (speak)

9. I saw a kid _____ in the church. (run)

10. Once a week, daddy has the windows _____. (clean)

현재완료시제

현재완료: 과거에 시작한 일이 현재까지 영향을 미칠 때

용법	뜻	예문	함께 자주 쓰이는 어구
완료	막 ～했다	I **have** just **finished** reading this book. 나는 막 그 책 읽는 것을 끝마쳤다.	already, yet, just
경험	～한 적이 있다	Brian **has** never **stolen** others' things. Brian은 타인의 것을 훔친 적이 없다.	never, ever, once
계속	～해 오고 있다	We **have known** him since James was a boy. 우리는 James를 어렸을 때부터 알고 있다.	for, since
결과	～해서 지금은 ～하다	Donaldson **has lost** his piggy bank. Donaldson은 돼지 저금통을 분실했다.	lose, buy, come

과거의 특정 시점을 나타내는 어구(yesterday, ago, last, when, just now 등)는 현재완료시제와 함께 쓸 수 없다.

주어진 문장의 괄호 안에서 어법상 적절한 것을 고르시오.

1. I (kept, have kept) all her photos for 10 years.

2. When (did you travel, have you traveled) to Rome?

3. We (lived, have lived) this small town for almost 30 years.

4. My father didn't go climbing (last year, since last year).

5. Anderson (was, has been) ill since the accident.

6. We (couldn't see, have not seen) the animal since last month.

7. Jenny (stayed, has stayed) at this temple for four days.

8. The baby was sleeping when his mom (came, has come) in.

9. I (just finished, have just finished) what you ordered.

10. We (were, have been) friends since first grade.

Fragment 05 과거완료

과거완료: 과거를 기준으로 과거보다 더 이전에 일어난 일이 과거에까지 영향을 미칠 때 과거완료를 쓴다.

He lost the pen that he **had bought** the day before. 그는 그전날 샀던 펜을 잃어버렸다.

주어진 문장의 괄호 안에서 어법상 적절한 것을 고르시오.

1. I (asked, had asked) him if he had ever visited Brazil.

2. I recognized the painting at once, for I (saw, had seen) that several times.

3. I (lost, had lost) my passport, so I had to visit the Embassy.

4. Last month, I (saw, had seen) Thomas. I (have, had) never met him before then.

5. When I arrived at the theater, the movie (already started, had already started).

6. My sister (told, had told) me that her school began at eight.

7. He found that he (left, had left) his smart phone behind.

8. Anderson (had, had been) overweight until he was 13.

9. I (arrived, had arrived) at home before night fell.

10. The train (left already, had already left) when we arrived at the station.

절대 내신 문제

[1~2] 주어진 문장 중 보기와 형식이 <u>다른</u> 하나를 고르시오.

01

> 보기   The early bird catches the worm.

① He speaks English very well.
② She treats her car carefully.
③ The sad story moved me deeply.
④ She came downstairs to answer the phone.
⑤ My father grows many plants.

02

> 보기   I ordered him to go.

① I call my dog Nana.
② I found the work difficult.
③ I want you to visit me tomorrow.
④ May I ask you a question?
⑤ I want him to be our leader.

03 주어진 문장의 빈칸에 들어갈 수 <u>없는</u> 것은?

> My mother _____ tired.

① was   ② looked
③ felt   ④ became
⑤ thought

[4~5] 주어진 대화의 빈칸에 들어갈 가장 적절한 것을 고르시오.

04

> A: What were you doing this time last year?
> B: I _____ in Vancouver.

① study   ② is studying
③ was studying   ④ have studied
⑤ had studied

05

> A: When did Mina go home yesterday?
> B: She _____ home at about five.

① goes   ② went
③ was going   ④ has gone
⑤ has been

06 주어진 문장의 빈칸에 들어갈 말로 짝지어진 것은?

> I saw him _____ to the music.
> I saw my bag _____ by the man.

① dance − carry
② danced − carried
③ dancing − carrying
④ danced − carrying
⑤ dancing − carried

07 주어진 문장 중 어법상 <u>어색한</u> 것은?

① I wash my dog on Sundays.
② My brother takes a shower right now.
③ My family usually have breakfast at 7:00.
④ Dr. kim writes a book every year.
⑤ My boyfriend is alway nice to me.

08 주어진 문장의 밑줄 친 부분 중 보기와 동일한 용법으로 쓰인 것은?

> 보기   <u>Have</u> you ever <u>visited</u> London before?

① I <u>haven't watched</u> the movie.
② We'<u>ve known</u> each other for 10 years.
③ They <u>have lived</u> here since 1999.
④ I <u>have already eaten</u> lunch.
⑤ She <u>has bought</u> a new bicycle.

09 주어진 문장의 빈칸에 들어갈 가장 적절한 것은?

> They expect her son _____ the race.

① win   ② wins   ③ to win
④ winning   ⑤ won

10 주어진 문장 중 어법상 적절한 것은?

① This perfume smells well.
② You look tired.
③ He got angrily with me.
④ The milk turned sourly.
⑤ This bread tastes nicely.

11 주어진 문장의 빈칸에 들어갈 수 <u>없는</u> 것은?

> She has taught English _____.

① since 2000   ② for 10 years
③ last month   ④ for a long time
⑤ since yesterday

12 주어진 문장 중 어법상 <u>어색한</u> 것은?

① She bought a new car.
② When have you been to Japan?
③ I've never seen him on TV.
④ We've known each other for 10 years.
⑤ I lost the watch she had bought me.

13 주어진 대화의 빈칸에 들어갈 말로 짝지어진 것은?

> A: Where have you _____?
> B: I _____ in Seoul, and my family im-
>   migrated to the Canada.

① been living — had lived
② are living — had lived
③ are living — had been lived
④ been living — had been lived
⑤ been lived — had been live

14 두 문장이 같은 뜻이 되도록 빈칸에 들어갈 것은?

> I bought my car 10 years ago and I still drive it.
> = I _____ my car for 10 years.

① drove
② am driving
③ was driving
④ had driven
⑤ have driven

[15~16] 주어진 문장의 빈칸에 들어갈 말로 짝지어진 것을 고르시오.

15

> I _____ a rock band and until now, I
> _____ listening to hard rock.

① had joining — have enjoying
② has joined — had been enjoying
③ had joined — had been enjoying
④ has joined — have been enjoying
⑤ had joined — have been enjoying

16

> Many people _____ to ride a bike when they are
> young, but I didn't. Now I _____ it and it is
> very fun.

① learn — learn
② learned — learn
③ learn — learned
④ learn — am learning
⑤ learned — was learning

17 주어진 우리말과 같은 뜻이 되도록 빈칸에 들어갈 말은?

> 나는 이미 저녁을 먹어서 더 이상 먹지 않았다.
> I _____ dinner, so I _____
> any more.

① already ate − don't eat
② already ate − haven't eaten
③ had already eaten − don't eat
④ had already eaten − didn't eat
⑤ had already eaten − wasn't eating

18 주어진 문장 중 어법상 **틀린** 것은?

① I thought I had learned enough English.
② Jason has been helping children in developing countries.
③ The concert had started when I had arrived there.
④ Thomas had already finished the homework.
⑤ My parents had sent me to private school.

19 주어진 문장의 밑줄 친 부분이 어법상 **어색한** 것은?

① My teacher has <u>already</u> left for school.
② Mina has lived in Boston <u>so far</u>.
③ We have studied English <u>for nine years</u>.
④ My brother has gone to bed <u>half an hour ago</u>.
⑤ Daniel has <u>just</u> finished doing the laundry.

20 주어진 대화의 ①~⑤ 중 어법상 **어색한** 것은?

> A: ① How long have you lived in Jejudo?
> B: ② Since January 2013.
> A: ③ Where did you live before that?
> B: In Seoul.
> A: ④ Then, how long have you lived in Seoul?
> B: ⑤ For almost ten years.

> 서술형 주관식 문제

1 주어진 문장을 고쳐 쓸 때 빈칸에 알맞은 말을 쓰시오.

She bought me clothes.
→ She bought clothes _____.

2 주어진 대화의 빈칸에 들어갈 말을 쓰시오.

A: Excuse me, but can you tell me what time it is?
B: Sorry, but I can't. I _____ my watch.

3 주어진 우리말에 맞게 괄호 안의 단어를 이용하여 문장을 완성하시오.

우리가 도착했을 때 그 연극은 이미 시작되었다.
The play _____.
(begin, when, arrive)

[4~5] 우리말과 의미가 같도록 괄호 안에 주어진 말을 사용하여 영작하시오.

4. Mr. Kim은 평생 서울에서 살아왔다.
(live, all his life)

_____

5. 나는 13살까지 비만이었다.
(overweight, until)

_____

수능
절대 문항
맛보기

정답 및 해설 P. 006

01

다음 글에서 밑줄 친 부분 중, 어법상 틀린 것은?

At shkelon, a very large dog cemetery ① <u>has been found</u> by archaeologists. The cemetery dates from the fifth century B.C., when that area ② <u>was</u> once part of the Persian Empire. So far, about 1,000 dog graves ③ <u>have found</u> in the cemetery. Archaeologists are not certain about the reason for so many graves. However, they believe that dogs ④ <u>must have been</u> very important for the people there. In fact, all of the dogs died of natural causes and ⑤ <u>were buried</u> carefully. Perhaps, these people gave dogs special powers in their religion.

02

다음 글의 밑줄 친 부분 중 어법상 틀린 것은?

Jason ① <u>worked</u> at an investment bank. He would go to the same restaurant for lunch. One day last month, he ② <u>has seen</u> a new waitress. He ordered fish and chips and she wrote down his order in her notebook. Since it ③ <u>was</u> lunch time, the restaurant ④ <u>was crowded</u>. After ten minutes, the waitress came with a plate. When Jason saw the plate, he realized that it ⑤ <u>was</u> porkchops.

부정사

명사적 용법

'~하는 것'이라는 의미로 쓰여 문장에서 주어, 목적어, 보어의 역할을 한다.
to부정사가 주어로 쓰이는 경우, to부정사구를 문장 맨 뒤로 옮기고 원래 주어 자리에 가주어 it을 쓰는 것이 자연스럽다.

To ride a roller coaster is exciting. 롤러코스터를 타는 것은 흥미진진하다.
= It is exciting **to ride** a roller coaster.

He decided **to throw** a welcome party. 그는 환영 파티를 열기로 결정했다.
My job is **to cure** animals in the zoo. 내 일은 동물원에 있는 동물을 치료하는 것이다.

의문사 + to부정사 : 의문사와 동사에 따라 뜻이 달라진다. 이때 '의문사 + 주어 + should + 동사원형'으로 바꾸어 쓸 수 있다.

형태	의미
what to + V	무엇을 ~해야 하는지
when to + V	언제 ~해야 하는지
who(m) to + V	누가(누구를) ~해야 하는지
where to + V	어디서 ~해야 하는지
which to + V	어떤 것을 ~해야 하는지
how to + V	어떻게 ~해야 하는지

I learned **how to scan** pictures. 나는 사진을 스캔하는 방법을 배웠다.

A 주어진 문장의 밑줄 친 부분과 용법이 같은 것을 보기에서 골라 그 기호를 쓰시오.

> **보기** ⓐ It is very hard to run under the sea.
> ⓑ Father said that the most important thing is to do my best.
> ⓒ Mr. Thomas refused to listen to him.
> ⓓ Travel allows us to experience a different world.

1. To steal someone else's idea is also cheating. _____

2. The teacher encouraged the students to do the tasks. _____

3. I forgot to lock the door. _____

4. Remember, to tell a lie is wrong. _____

5. Mother didn't allow us to go out late at night. _____

6. It is impossible for me <u>to jump</u> from the sky. _____

7. We hope <u>to meet</u> them soon. _____

8. <u>To speak</u> English fluently requires much practice. _____

9. The next step is <u>to read</u> the book carefully. _____

10. We agreed <u>to start</u> at 5 o'clock. _____

11. My hobby is <u>to play</u> soccer with my friends. _____

12. My parents like <u>to invite</u> their friends to serve. _____

13. I regret <u>to tell</u> you that the cat was dead. _____

14. My goal is <u>to become</u> a world-famous actor. _____

15. It is difficult <u>to find</u> out the exact cause of the disease. _____

B 주어진 우리말에 맞게 보기의 단어를 이용하여 빈칸을 채우시오.

보기	when	what	who	where	which	how

1. I don't know _____ this copy machine.
   나는 이 복사기를 어떻게 사용하는지 모른다.

2. The notice showed _____ my car.
   그 표지판은 내 차를 어디에 주차해야 하는지 보여 주었다.

3. We don't know _____ to the party.
   우리는 그 파티에 무엇을 입고 가야 하는지 모른다.

4. It was difficult to guess _____ the dog.
   언제 강아지에게 먹이를 주는지 생각하는 것은 어렵다.

5. I carefully decided _____.
   나는 어느 것을 선택할지 주의 깊게 결정했다.

Fragment
02

형용사, 부사적 용법

형용사적 용법 : to부정사가 명사를 뒤에서 수식하거나 보어(예정, 가능. 의도, 운명)의 역할을 한다.

He has a promise **to keep**. 그는 지켜야 할 약속이 있다.
Anderson is **to visit** Louvre museum in Paris. Anderson은 파리에 있는 Louvre 박물관에 방문할 예정이다.

부정사적 용법 : to부정사가 동사, 형용사, 다른 부사 등을 수식한다.

용법	의미
목적	~하기 위해
원인	~해서, ~하게 되어
이유	~하다니
조건	~한다면

She tried hard **to win** the contest. 그녀는 대회에서 우승하기 위해 열심히 노력했다.
I'm happy **to know** you. 너를 알게 돼서 행복해.
She must be very kind **to teach** you for free. 그녀가 무료로 너를 가르쳐 주다니 매우 착한 것이 틀림없다.
The child grew up **to be** a president. 그 아이는 자라서 대통령이 되었다.

A 주어진 우리말에 맞게 괄호 안의 단어를 이용해서 빈칸을 채우시오.

1. The kid is looking for something _____. (play)
   그 아이는 가지고 놀만한 것을 찾고 있다.

2. Does she know anybody _____? (help)
   그녀는 그녀를 도와줄 만한 누군가를 알고 있니?

3. Jenny can't go with you. She has something _____. (do)
   Jenny는 너와 함께 갈 수 없어. 그녀는 해야 할 일이 있어.

4. The tree yields many pears _____. (pick)
   그 나무에는 딸 수 있는 많은 배가 열려 있다.

5. Can you lend me some money _____ with? (buy)
   선물을 살 약간의 돈을 나에게 빌려 주겠니?

B 주어진 문장의 밑줄 친 부분이 해석되는 의미를 보기에서 찾아 그 기호를 쓰시오.

> **보기** ⓐ ～하기 위해서 ⓑ ～ 해서 ⓒ ～하다니 ⓓ ～한다면

1. Use the Internet <u>to see</u> the timetable. _____
2. He was worried <u>to lose</u> some money. _____
3. You must be smart <u>to remember</u> that. _____
4. I entered the cooking school <u>to be</u> a chef. _____
5. <u>To turn</u> left here, you will find the building. _____
6. He must be brave <u>to act</u> like that. _____
7. My mother bought some flour and eggs <u>to make</u> a cake. _____
8. <u>To see</u> her tomorrow, I'll be happy. _____
9. I visited the information center <u>to get</u> a map. _____
10. <u>To wait</u> until the end of the film, you'll see the end credits. _____

부정사에서 알아 두어야 할 것

Fragment 03

의미상 주어는 to부정사의 동작을 행하는 주체를 나타내며 'for + 목적격'으로 쓰는데 사람의 성격을 나타내는 형용사가 오면 'of + 목적격'을 쓴다.

It is difficult **for Minhee(her)** to read it. Minhee가 그것을 읽기는 어렵다.
It is very kind **of Minhee(her)** to help him. Minhee가 그를 돕다니 매우 친절하다.

부정사의 시제

	단순부정사	완료부정사
형태	to + 동사원형	to + have + 과거분사
시제	문장 동사와 같은 시제	문장 동사보다 앞선 시제

He seems **to be** happy. 그는 행복해 보인다.
= It seems that he is happy.
He seems **to have been** happy. 그는 행복했던 것처럼 보인다.
= It seems that he was happy.

부정사의 부정은 'not[never] + to + 동사원형'이다.

You should hurry up **not to be** late. 늦지 않기 위해 서둘러야 한다.

to부정사의 동작을 '당하는' 의미가 되면 'to + be + 과거분사'로 쓴다.

Everyone wants **to be satisfied** with what they buy. 모든 사람은 그들이 사는 것에 만족하길 원한다.

A 주어진 문장의 괄호 안에서 어법상 적절한 것을 고르시오.

1. It is good (for, of) us to help the poor.

2. It is stupid (for, of) Jenny to buy it.

3. I ran fast (to not, not to) miss the bus.

4. It was difficult (for, of) James to solve the puzzle.

5. It is interesting for (his, him) to make model airplanes.

6. The boy doesn't want (to punish, to be punished) by the teacher.

7. She tried her best (to not, not to) fail.

8. Every child has the right (to protect, to be protected) by his or her parents.

9. It is wise (of, for) you to prepare for the upcoming storm.

10. He hopes (to elect, to be elected) president once more.

B 주어진 두 문장이 같은 의미가 되도록 빈칸에 들어갈 적절한 것을 쓰시오.

1. It seems that the boy has a big problem.

   = The boy seems _____ a big problem.

2. It appeared that Paul had been a model student.

   = Paul appeared _____ a model student.

3. It seemed that there was a huge battle in this area.

   = There seemed _____ a huge battle in this area.

4. She hopes that she will be a famous writer.

   = She hopes _____ a famous writer.

관용적 표현, 독립부정사

독립부정사는 독립적으로 문장 전체를 수식하는 to부정사이다.

not to speak of not to mention needless to say	~은 말할 필요도 없이
to tell the truth	사실대로 말하자면
to begin with	우선은, 먼저
to make matters worse	설상가상으로
so to speak	말하자면
strange to say	이상한 이야기 같지만
to be frank[honest]	솔직히 말하자면

Yoko can speak English, **not to speak of** Japanese. Yoko는 일본어는 말할 필요도 없이 영어도 할 줄 안다.

to부정사의 관용 표현

관용 표현	의미	같은 표현
too ~ to부정사	너무 ~해서 …할 수 없다	so ~ that 주어 cannot …
enough to부정사	…할 만큼 ~하다	so ~ that 주어 can …
so as to부정사	~하기 위해서	in order to부정사

The boy is **too** young **to** see the movie. 그 소년은 너무 어려서 그 영화를 볼 수 없다.
= The boy is **so** young **that** he cannot see the movie.

A 주어진 문장의 괄호 안에 들어갈 적절한 것을 고르시오.

1. (To frank, To be frank) with you, I don't believe it.

2. The man runs (too, to) fast to catch.

3. She is, (so, as) to speak, as sly as a fox.

4. (To, To tell) the truth, I deceived him.

5. To begin (about, with), collect all the information about it.

B 주어진 우리말에 맞게 보기에 제시된 표현을 이용하여 빈칸을 완성하시오.

> **보기** to begin with, to tell the truth, too ~ to
> needless to say, strange to say

1. _____, it is too expensive.
   사실대로 말하면, 그것은 너무 비싸다.

2. The rock is _____ lift.
   그 바위는 들어올리기에는 너무 무겁다.

3. _____, make a to-do list.
   우선, 할 일의 목록을 만들어라.

4. _____, you should keep the secret.
   말할 필요도 없이, 너는 그 비밀을 지켜야 한다.

5. _____, I believe in aliens.
   이상한 이야기 같지만, 나는 외계인을 믿는다.

C 진하게 표시된 곳에 유의해서 다음 문장을 해석하시오.

1. Mr. Smith is **too poor to** buy the house.

2. **To begin with,** I like this design.

3. We should do our best **so as to** meet new demands.

4. **To make matters worse,** it started to rain.

5. Joan is **smart enough to** understand the lesson.

절대 내신 문제

※ 정답 및 해설 p.007~009

[1~2] 주어진 문장의 밑줄 친 부분과 같은 용법으로 쓰인 것을 고르시오.

01

It is difficult to talk with her.

① His goal is to be very rich.
② My wish was to meet him in person.
③ He decided to travel abroad this year.
④ It is necessary to understand each other.
⑤ I know that she wants to be an economist.

02

He awoke to find himself famous.

① I need a ladder to climb up.
② There is no reason to stop here.
③ We are to go on vacation tomorrow.
④ To pay attention in classes is important.
⑤ To turn right here, you will find the shop.

[3~4] 주어진 문장의 빈칸에 들어갈 말로 적절한 것을 고르시오.

03

It is wise _____ to refuse the proposal.

① he   ② his
③ him   ④ to him
⑤ of him

04

If you _____, you have to be diligent.

① succeed
② are succeeded
③ to succeed
④ are to succeed
⑤ are to be succeeded

05 주어진 문장의 빈칸에 들어갈 것으로 적절히 짝지어진 것은?

- Please give me a pen _____ with.
- It is a good thing for children to have a lot of friends _____ with.

① write − play   ② write − to play
③ to write − play   ④ to write − to play
⑤ writing − play

06 주어진 두 문장의 의미가 같도록 빈칸에 들어갈 말로 적절한 것은?

It appears that he felt shame at doing such a thing.
= He _____ shame at doing such a thing.

① appears to feel
② appears to have feel
③ appears to have felt
④ appeared to have feel
⑤ appeared to have felt

07 주어진 문장의 빈칸에 들어갈 수 없는 것은?

My mother _____ me to apologize to the lady next door.

① made   ② wanted
③ ordered   ④ expected
⑤ told

08 주어진 우리말을 바르게 영작한 것은?

선생님께서 나에게 뛰지 말라고 말씀하셨다.

① The teacher told me to not run.
② The teacher told me not to run.
③ The teacher didn't tell me to run.
④ The teacher told not for me to run.
⑤ The teacher didn't tell me not to run.

09 주어진 두 문장의 의미가 같지 않은 것은?

① To try hard is the best way.
= It is the best way to try hard.

② I was sad to hear the news.
= I was sad because I heard the news.

③ Clara is sociable enough to talk to strangers.
= Clara is so sociable that she can talk to strangers.

④ He practices every day to become a professional basketball player.
= He practices every day in order to become a professional basketball player.

⑤ He is too young to have a responsibility.
= He is young, but he can have a responsibility.

10 주어진 문장의 빈칸에 들어갈 수 없는 것은?

It is _____ of him to give me useful tips.

① kind
② considerate
③ nice
④ important
⑤ friendly

11 주어진 문장 중 어법상 틀린 것은?

① To be honest, I don't like babies.

② It is natural for a baby to sleep a lot.

③ It seems that he made foolish mistakes.

④ The water is too cold to take a shower.

⑤ I was so scared to I couldn't open my eyes.

[12~13] 주어진 문장의 빈칸에 들어갈 말로 적절한 것을 고르시오.

12

What a mess in here! Your room needs _____.

① to organize
② to be organize
③ to be organized
④ to be organizing
⑤ to being organized

13

He made _____ a rule to get up at 6 in the morning.

① it
② its
③ them
④ that
⑤ they

14 주어진 두 문장의 의미가 같도록 빈칸에 들어갈 말로 적절한 것은?

It seemed that you had known the answer.
→ You seemed _____ the answer.

① have known

② had known

③ to have known

④ to had known

⑤ to have been known

15 주어진 빈칸에 들어갈 수 있는 것은?(답 1개 이상 가능)

He bought scissors to cut the rope.
→ He bought scissors _____ cut the rope.

① because
② in order to
③ for
④ so as to
⑤ so

[16~17] 주어진 문장의 밑줄 친 부분이 어법상 틀린 것을 고르시오.

16

① Please tell me <u>what to do next</u>.

② I didn't know <u>when to tell the truth</u>.

③ <u>To begin with</u>, she is not very honest.

④ <u>To tell the truth</u>, I am in love with him.

⑤ I was <u>enough strong</u> to lift the furniture.

17

① I haven't decided yet <u>what do</u> after graduation.
② I'm not sure <u>whether I should</u> repair the TV.
③ His hobby is <u>to play</u> soccer with friends.
④ I could not find anybody <u>to help</u> me.
⑤ The Internet enables us <u>to find</u> a lot of information.

18 주어진 우리말을 바르게 영작한 것은?

> 지구상의 모든 동물은 보호되어야 한다.

① Every animal on the earth needs to protect.
② Every animal on the earth needs to be protected.
③ Every animal on the earth needs to being protected.
④ Every animal on the earth needs to be protect.
⑤ Every animal on the earth needs to been protected.

19 주어진 문장의 밑줄 친 부분을 대신하여 쓸 수 없는 것은?

> He <u>is to</u> check out of the hotel by noon.

① must
② ought to
③ used to
④ has to
⑤ should

20 주어진 대화의 ①~⑤ 중 to read 가 들어갈 곳은?

> A: Excuse me, ① can I ② have
> ③ something ④ on the train ⑤ ?
> B: Sure. Here you are.

서술형 주관식 문제

[1~2] 두 문장의 의미가 같도록 문장을 완성하시오.

1. First of all, you should book a ticket.
= _____, you should book a ticket.

2. I don't know what I should eat for lunch.
= I don't know _____ for lunch.

[3~4] 주어진 우리말과 같은 뜻이 되도록 괄호 안의 단어를 이용하여 문장을 완성하시오.

3. 나는 어린아이 취급 받는 것이 싫다.
I don't like _____.
(treat, like)

4. 나는 필기할 펜이 필요하다.
I need _____.
(a pen, write with)

5 주어진 대화의 우리말에 맞게 빈칸에 들어갈 말을 쓰시오.

A : Will you teach me _____ the body and the legs of this robot?
이 로봇의 몸통과 다리를 연결하는 법을 가르쳐 줄래?
B : Sure.
물론이지.

01 (A), (B), (C)의 각 네모 안에서 어법에 맞는 표현을 골라 짝지은 것은?

Eating a healthy diet can equip us with powerful weapons to help (A) protect / protection us against cancer — and there are certain foods that offer more defense than (B) the other / others. According to the World Cancer Research Fund, 30 to 40 percent of cancers are directly related to the foods we eat, our weight and (C) act / activity levels. It is well established that a Mediterranean diet rich in fruit, vegetables, oily fish, wheat and grains lowers the risk of cancer and can reduce our cancer risk by 25 percent.

	(A)	(B)	(C)
①	protect	the other	act
②	protection	the other	activity
③	protect	others	activity
④	protection	others	act
⑤	protect	others	act

02 다음 글의 밑줄 친 부분 중 어법상 틀린 것은?

"Black Thursday" is a day many Americans will never forget. It was October 24, 1929, the beginning of the Great Depression. Before 1929, American economy ① grew about 62%. But on "Black Thursday" everything ② changed. On that day, American economy suddenly stopped ③ to grow. In fact, many businesses stopped completely. The next few years of American history ④ were called the Great Depression. There ⑤ were terrible years of business for the people. Five thousand banks and 85,000 businesses failed. Many people lost all their money. About 12 million Americans lost their jobs.

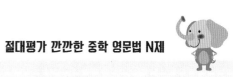

Chapter 03

동명사

동명사의 역할

Fragment 01

동명사는 '동사원형 + –ing'의 형태로 주어, 목적어, 보어 역할을 한다.

Traveling to the Europe costs too much. 유럽으로 여행하는 것은 돈이 많이 든다.
I hate **singing** in public. 나는 사람들 앞에서 노래하는 것을 싫어한다.
The dog's job is **helping** a blind person. 그 개의 일은 맹인을 돕는 것이다.

주어진 문장의 밑줄 친 부분이 보기와 같은 것을 찾아 그 기호를 쓰시오.

> 보기   ⓐ <u>Breaking</u> a promise is not right.
> ⓑ He finished <u>fixing</u> the roof.
> ⓒ My hobby is <u>making</u> things with woods.
> ⓓ Are you good at <u>singing</u> a song?

1. My goal is <u>getting</u> all A plus in the final exam. _____

2. The guide checked the members before <u>departing</u>. _____

3. My favorite thing is <u>playing</u> computer games. _____

4. Thank you for <u>inviting</u> me to dinner tonight. _____

5. <u>Getting</u> up early is a good habit. _____

6. Above all, students should be interested in <u>reading</u>. _____

7. <u>Writing</u> a report is so difficult for me. _____

8. My brother is fond of <u>playing</u> with his friends. _____

9. Did you enjoy <u>having</u> lunch with her? _____

10. <u>Exercising</u> heavily may be harmful to your health. _____

11. The spy's mission is <u>completing</u> the new task. _____

12. I like <u>collecting</u> figures and game titles. _____

목적어로의 부정사와 동명사

to부정사를 목적으로 하는 동사	agree, decide, desire, determine, expect, hope, mean, plan, promise, refuse, want, wish 등
동명사를 목적어로 하는 동사	admit, avoid, deny, enjoy, escape, give up, finish, practice, quit, mind, postpone, put off 등
동명사와 to부정사를 모두 목적어로 하는 동사	begin, start, continue, hate, love, like, prefer 등

The princess **refused to accept** his propose. 그 공주는 그의 프러포즈를 받아들이는 것을 거절했다.
Do you **mind opening** the window? 창문 여는 것을 꺼리십니까?
The couple liked to **live** in the city. 그 부부는 도시에 사는 것을 선호했다.
= The couple liked **living** in the city.

주어진 문장의 괄호 안에 들어갈 어법상 적절한 것을 고르시오.

1. Would you mind (speaking, to speak) louder?

2. We decided (canceling, to cancel) the event because of bad weather.

3. She agreed (leaving, to leave) for Bali on her honeymoon.

4. James promised (selling, to sell) the smart phone to me.

5. I'm really going to quit (playing, to play) computer games.

6. He hoped (going, to go) on a cruise.

7. I plan (saving, to save) the money to buy a smart phone.

8. We enjoy (baking, to bake) cakes and cookies.

9. Would you mind (turning, to turn) down the volume?

10. He refused (discussing, to discuss) this question anymore.

부정사와 동명사의 의미 차이

	to부정사	동명사
remember	(미래에) ~할 것을 기억하다	(과거에) ~했던 것을 기억하다
forget	(미래에) ~할 것을 잊다	(과거에) ~했던 것을 잊다
regret	~하게 되어 유감이다	(과거에) ~했던 것을 후회하다
try	~하려고 노력하다	(시험 삼아) 한 번 ~해 보다

I **remember to meet** him. 나는 그를 만날 것을 기억한다. (미래)
I **remember meeting** him. 나는 그를 만났던 것을 기억한다. (과거)

A 주어진 문장의 의미에 맞게 괄호 안의 단어를 이용하여 빈칸을 채우시오.

1. I remember _____ my boss tomorrow. (call)

2. We forget _____ her last year. (meet)

3. Don't forget _____ the door when you are away. (lock)

4. If you want to be a millionnaire, you must try _____ all of your money. (save)

5. I remember _____ a wonderful time in Hawaii last month. (have)

B 주어진 문장에서 어법상 틀린 것을 찾아 고쳐 쓰시오.

1. I remember to be unable to help you last semester. _____

2. Don't forget taking out the garbage. _____

3. I tried not forgetting what my teacher said to me. _____

4. Thomas didn't remember meeting Jenny next week. _____

5. I'll never forget to have a good time with you. _____

동명사에서 알아 두어야 할 것

Fragment 04

동명사의 의미상의 주어는 '소유격[목적격] + 동명사'로 나타내며, 부정은 동명사 앞에 not, never, no 등의 부정어를 붙인다.

I object to **his(him)** going with my family. 나는 그가 우리 가족과 함께 가는 것에 반대한다.

동명사의 시제와 수동형

	단순동명사	완료동명사
형태	동사원형 + −ing	having + 과거분사
수동형	being + 과거분사	having been + 과거분사
시제	문장의 동사와 같거나 다음 시제	문장의 동사보다 앞선 시제

He was proud that he studied hard. 그는 열심히 공부하는 것을 자랑스러워했다.
= He was proud of **studying** hard. – 단순동명사

I am sorry that I didn't study hard in my youth. 나는 어렸을 때 열심히 공부하지 않은 것을 유감스럽게 생각한다.
= I am sorry for not **having studied** hard in my youth. – 완료동명사

A **주어진 문장의 괄호 안에 단어를 이용하여 빈칸을 완성하시오.**

1. 당신을 믿지 못했던 것을 용서해 주세요.
   Please forgive me _____ you. (believing, not, for)

2. 그녀는 그 경기에 이기지 못한 것을 부끄러워한다.
   She is _____ the game. (of, ashamed, winning, not)

3. Jenny는 약속을 지키지 못한 것을 사과했다.
   Jenny apologized _____ her promise. (for, keeping, not)

4. 그는 다시는 나에게 거짓말을 하지 않겠다고 주장했다.
   He insisted _____ lies to me. (telling, on, never)

5. 나는 내 딸이 길을 잃어버릴까 걱정이 되었다.
   I am worried about _____ the way. (my, losing, daughter's)

B 주어진 두 문장이 같은 뜻이 되도록 빈칸에 적절한 말을 써 넣으시오.

1. There is little hope that he will come here.

   = There is little hope of _____ here.

2. I am sure that I will accomplish my goal someday.

   = I am sure of _____ my goal someday.

3. I regret that I was cruel to Jenny then.

   = I regret _____ cruel to Jenny then.

4. James denied that he had met her before.

   = James denied _____ her before.

5. He regrets that he deceived us five years ago.

   = He regrets _____ us five years ago.

동명사의 관용적 표현

중요 표현

be busy -ing	~하느라 바쁘다
on –ing	~하자마자
go -ing	~하러 가다
be worth -ing	~할 가치가 있다
feel like -ing	~하고 싶다
There is no -ing	~하는 것은 불가능하다
It is no use -ing	~해 봐야 소용없다
keep[prevent] A from -ing	A가 ~하지 못하게 하다
cannot help –ing (= cannot but + 동사원형)	~하지 않을 수 없다

전치사 관련 표현

be[get] used to -ing	~하는 데 익숙해지다
object to -ing	~을 반대하다
look forward to -ing	~을 기대 · 고대하다
when it comes to -ing	~에 관해서는
with a view to -ing	~할 목적으로
what do you say to -ing?	~하는 게 어때?
never ~ without -ing	~하면 반드시 …한다
be on the point of -ing	막 ~하려고 하다

A 주어진 문장의 괄호에 들어갈 말을 쓰시오.

1. My father went (to fish, fishing) to the sea.

2. Jenny likes to cook without (read, reading) a recipe.

3. The man is used to (stand, standing) the noise outside.

4. James spent two hours (in, with) writing the report.

5. Heavy rain prevented us (of, from) going to the mountain.

B 주어진 우리말에 맞게 동명사를 이용해서 빈칸에 써 넣으시오.

1. _____ the police, he began to run away.
   경찰을 보자마자 그는 달아나기 시작했다.

2. My boss will _____ from your company.
   우리 사장님은 당신의 회사로부터 소식을 듣기를 고대하실 것이다.

3. Jenny _____ at the news.
   Jenny는 그 소식에 웃지 않을 수 없었다.

4. Samson _____ the lion.
   Samson은 막 사자를 잡으려 하고 있었다.

5. I am so bored that I _____ out for a walk.
   나는 매우 지루하다, 밖에 나가서 걷고 싶다.

6. Don't waste your time watching the movie. It _____ that.
   그 영화를 보는 데 시간 낭비하지 마라. 그럴 만한 가치가 없다.

절대 내신 문제

[1~2] 주어진 문장 중 어법상 올바른 것을 고르시오.

01

① Her job is treat sick animals.

② I enjoy to play computer games.

③ Thank you for invite me to dinner tonight.

④ Eating regularly is essential to being healthy.

⑤ She agreed leaving for Rome on her honeymoon.

02

① He decided going shopping.

② James denied having met her before.

③ I don't like he being treated like that.

④ He regrets deceiving us 10 years ago.

⑤ You should practice to make speeches.

03 우리말과 의미가 같도록 빈칸에 알맞은 말은?

> 미국을 여행할 때, 종업원들에게 팁을 주는 것을 잊지 마.
> When you travel to America, don't forget _____ the employees.

① to tip   ② to be tip

③ tipping   ④ to tipping

⑤ tip

04 주어진 대화의 빈칸에 가장 적절한 것은?

> A: Playing the game is not easy.
> B: That's true, but you can learn it easily by _____ a few times.

① play   ② played

③ to play   ④ playing

⑤ to playing

05 밑줄 친 부분이 어법상 어색한 것은?

① I went out without saying goodbye.

② What do you say to go for a walk?

③ She was so afraid of being punished.

④ We are sorry about his failing the exam.

⑤ Mike is used to standing the noise outside.

06 주어진 문장의 빈칸에 들어갈 수 없는 것은?

> I _____ to read three books a month.

① wanted   ② decided

③ hoped   ④ planned

⑤ postponed

[7~8] 주어진 빈칸에 들어갈 말이 알맞게 짝지어진 것을 고르시오.

07

> I remember _____ her tomorrow.
> I'm looking forward to _____ you soon.

① to see — seeing

② having seen — see

③ seeing — having seen

④ to see — having seen

⑤ having seen — having seen

08

> They finally gave up _____ Mom.
> I expected her _____ to my party.

① to persuade — coming

② to persuade — coming

③ to persuade — to come

④ persuading — to come

⑤ persuading — coming

09 주어진 빈칸에 들어갈 말로 알맞은 것은?

> 나는 Tom이 우리와 함께 가는 것을 반대했다.
> I objected to _____ with us.

① Tom to go
② Tom's to go
③ Tom going
④ he going
⑤ he to go

10 두 문장의 의미가 같을 때 어법상 틀린 것은?

① It is impossible to know what may happen.
  = There is no knowing what may happen.
② He is ashamed that his son is lazy.
  = He is ashamed of his son is lazy.
③ I'm sure that you will pass the exam.
  = I'm sure of your passing the exam.
④ He insisted that his brother was innocent.
  = He insisted on his brother being innocent.
⑤ They can't but admire his courage.
  = They can't help admiring his courage.

11 주어진 문장에서 어법상 틀린 부분을 찾아 바르게 고친 학생은?

> I'm sorry for his having not come with us.

① 수진: for → of
② 재석: his → he
③ 유리: having not → not having
④ 은지: having → have
⑤ 성종: come → came

12 주어진 우리말을 바르게 영작한 것은?

> 우리는 위험한 환경에서 작업하는 것에 익숙해져 있다.

① We are accustomed to work in dangerous environments.
② We are accustom to working in dangerous environments.
③ We are accustomed working in dangerous environments.
④ We are accustomed to working in dangerous environments.
⑤ We are accustom to work in dangerous environments.

13 주어진 두 문장의 빈칸에 들어갈 말이 적절히 짝지어진 것은?

> I feel like _____ out tonight with him.
> A ruler _____ measure a length.

① to eat − used to
② to eat − is used to
③ eating − used to
④ eating − is used
⑤ eating − is used to

14 주어진 문장의 밑줄 친 부분의 쓰임이 나머지와 다른 것은?

① It begins snowing.
② She was fond of buying dolls.
③ He was watching TV last night.
④ How about going shopping tomorrow?
⑤ Traveling to Europe costs too much.

15 주어진 대화에서 어법상 어색한 것을 고르시오.

> A: I can't believe it's time ① to go home already. I really enjoyed the party.
> B: Thanks ② for coming to my party.
> A: Please remember ③ to say hello to your parents.
> B: Ok, I won't forget ④ saying it.
> A: ⑤ Take care.

[16~17] 주어진 두 문장을 한 문장으로 쓸 때 적절한 것을 고르시오.

16

> I remember it.
> I have been given a letter from Sara.

① I remember giving a letter from Sara.
② I remember to give a letter from Sara.
③ I remember being given a letter from Sara.
④ I remember having given a letter from Sara.
⑤ I remember having been given a letter from Sara.

17

> She is proud of her mother.
> Her mother is a police officer.

① She is proud of being a police officer.
② She is proud of having been a police officer.
③ She is proud of her mother being a police officer.
④ She is proud of she mother being a police officer.
⑤ She is proud of her mother having been a police officer.

18 주어진 대화의 빈칸에 들어갈 말로 짝지어진 것은?

> A: Sejin, what are you good at?
> B: I'm good at _____ . I want _____
>   a world-famous swimmer.

① swim − be
② to swim − being
③ to swim − to be
④ swimming − being
⑤ swimming − to be

19 주어진 두 문장의 의미가 서로 <u>다른</u> 것은?

① My little boy is used to brushing his teeth three times a day.
  = My little boy is accustomed to brushing his teeth three times a day.
② She was depressed, so couldn't help crying.
  = She was depressed, so couldn't but cry.
③ When I was about to leave, the telephone rang.
  = When I was on the point of leaving, the telephone rang.
④ On seeing him coming, I stood up and clap my hands.
  = Whenever I saw him coming, I stood up and clap my hands.
⑤ A lot of work kept him from going home.
  = A lot of work prevented him from going home.

20 주어진 (A), (B), (C)에 들어갈 형태가 적절히 짝지어진 것은?

> From a child he was fond of (A) <u>read</u> and he usually spent money to buy books. Sometimes booksellers allowed him (B) <u>borrow</u> books for free. He remembered (C) <u>read</u> all night when the book was borrowed in the evening to return the book early in the morning.

	(A)	(B)	(C)
①	reading	− borrowing	− reading
②	reading	− to borrow	− reading
③	reading	− to borrow	− to read
④	to read	− borrowing	− reading
⑤	to read	− to borrow	− to read

서술형 주관식 문제

[1~2] 우리말과 의미가 같도록 주어진 단어를 사용하여 문장을 완성하시오.

1. 당신의 휴대전화를 잠시 사용해도 될까요?
   Do you mind _____ for a while? (use, phone)

2. 나는 그런 약한 팀에 진 것이 부끄럽다.
   I feel ashamed of _____ by such a weak team. (defeat)

3 의미의 차이에 주의하여 각 문장을 우리말로 해석하시오.

(1) ⓐ He tried climbing up the tree.
    ⓑ He tried to climb up the tree.
(2) ⓐ I stopped to answer the phone.
    ⓑ I stopped answering the phone.

(1) ⓐ _____
    ⓑ _____
(2) ⓐ _____
    ⓑ _____

4 주어진 대화의 괄호 안에 공통으로 들어갈 말을 쓰시오.

A: Did you finish _____ the book?
   너는 그 책을 다 읽었니?
B: No. It's boring, so I stopped _____.
   아니. 그것은 지루해서 읽다가 멈췄어.

5 주어진 우리말과 의미가 같도록 괄호 안에 주어진 말을 배열하시오.

몇몇 아이들은 읽고 쓰는 데에 많은 어려움을 겪는다.
(and writing / some kids / trouble / have reading / a lot of)

_____
_____

수능
절대 문항
맛보기

정답 및 해설 P. 015

01

다음 글에서 밑줄 친 부분 중, 어법상 틀린 것은?

Doing well on oral tests ① <u>will help</u> you get into university, and you should prepare for them carefully. Before the test, ② <u>be sure to find</u> out as much as possible about the field of study you are applying for. Keep track of the issues of the day ③ <u>concerning</u> the major. On top of that, think of some questions you expect to be asked. You have to be able to ④ <u>introduce yourself</u> and express all your thoughts clearly in English. Finally, ⑤ <u>don't forget arriving</u> thirty minutes early and dress appropriately.

02

다음 글의 밑줄 친 부분 중 어법상 틀린 것은?

Could I really ever visit London? I thought ① <u>visit</u> London would be probably an impossible dream. Then, something happened to change my mind. I ② <u>found</u> a book ③ <u>written</u> by two Japanese travelers, about a visit they had made to London. I ④ <u>was very encouraged</u>. I read the book from cover to cover many times. Like me, these two people could only move around in wheelchairs. But they ⑤ <u>had flown</u> to England and had been to all the famous places I wanted to visit! If they could do it, so could I!

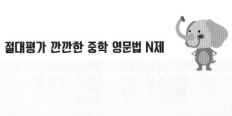

Chapter
04

분사와 분사구문

현재분사, 과거분사

	현재분사	과거분사
형태	동사원형 + –ing	동사원형 + –ed (불규칙동사 제외)
의미	능동, 진행	수동, 완료
시제 연관	진행 시제	완료 시제

James is **studying** for the final exam. James는 기말 시험을 위해서 공부하고 있다.
Thomas has just **finished** reading the book. Thomas는 그 책을 읽는 것을 막 끝냈다.

주어진 문장의 괄호 안에서 알맞은 말을 고르시오.

1. The (frightening, frightened) girl closed her eyes.
   그 겁먹은 소녀는 눈을 감았다.

2. The man drove (looking, looked) at the navigation screen.
   그 남자는 내비게이션 화면을 보면서 운전했다.

3. Look at the dolphin (jumping, jumped) through a hoop.
   후프를 통과하여 점프하는 돌고래를 보라.

4. Let's throw away the (breaking, broken) computer.
   그 고장 난 컴퓨터를 버리자.

5. Can you see the children (wearing, worn) yellow hats?
   노란 모자를 쓴 아이들이 보이니?

6. He eliminated malaria (detecting, detected) in blood samples.
   그는 혈액 샘플 안에서 발견된 말라리아를 제거했다.

7. I have (knowing, known) James' family for fifteen years.
   나는 15년 동안 James의 가족을 알아 왔다.

8. Who can open the (locking, locked) door?
   누가 그 잠긴 문을 열 수 있니?

9. Do you hear the sound of the (falling, fallen) rain?
   비 내리는 소리 들리니?

10. The math problem (writing, written) on the board is today's homework.
    칠판에 쓰여 있는 그 수학 문제는 오늘의 숙제이다.

분사구문

분사구문은 부사절의 접속사와 주어가 생략되고 분사로 시작되는 구문으로, 이유 (∼이기 때문에), 시간 (∼할 때, ∼전에), 조건 (∼한다면), 양보 (비록 ∼이지만), 동시 동작 (∼하면서), 연속 동작 (∼하고 나서)의 의미로 쓰인다.

1. 부사절의 접속사 생략
2. 부사절의 주어가 주절의 주어와 동일할 경우 부사절의 주어 생략
3. 부사절의 동사 + ─ing
4. 부정문은 분사 앞에 not이나 never를 쓴다.

Because I had a bad cold, I couldn't go to school. 나는 심한 감기에 걸렸기 때문에 학교에 갈 수 없었다.
→ **Having** a bad cold, I couldn't go to school.

with + 목적어 + 분사

의미	분사 선택
∼하면서 / ∼한 채	목적어와 분사 관계가 능동이면 현재분사
	목적어와 분사 관계가 수동이면 과거분사

Thomas is sitting on the bench, **with his eyes closed**. Thomas는 눈을 감은 채 벤치에 앉아 있다.

A 주어진 문장을 같은 의미의 분사구문으로 바꾸시오.

1. While I went to the church, I picked up a wallet
   → _____, I picked up a wallet.

2. As I got up early, I felt sleepy.
   → _____, I felt sleepy.

3. She waved her hand, and she got on the train.
   → _____, she got on the train.

4. If you press this button, you'll get the ticket.
   → _____, you'll get the ticket.

5. When he stayed in Rome, he wrote a postcard to me.
   → _____, he wrote a postcard to me.

B 주어진 문장에서 어법상 <u>틀린</u> 것을 골라 고치시오.

1. Opened the huge treasure box, he took out a lot of golds.

2. He takes a walk by his dog following him.

3. Knowing not what to do, I asked for father's advice.

4. Listened to music, he studied for the exam.

5. Wanting not to hurt her feelings, I didn't say anything.

C 주어진 우리말에 맞게 빈칸에 들어갈 말을 괄호 안의 말을 이용해서 쓰시오.

1. He came in the room ＿＿＿＿＿＿＿＿＿＿＿＿＿ in mud. (sneakers, cover)
   그는 진흙이 덮인 운동화를 신은 채로 방에 들어갔다.

2. She was listening to music, ＿＿＿＿＿＿＿＿＿＿＿＿＿. (her arms, fold)
   그녀는 팔짱을 끼고 음악을 듣고 있었다.

3. ＿＿＿＿＿＿＿＿＿＿＿＿＿, the flowers began to blossom. (spring, come on)
   봄이 다가오면서 꽃들이 피기 시작했다.

4. Jenny is working hard ＿＿＿＿＿＿＿＿＿＿＿＿＿. (her sleeves, roll up)
   Jenny는 소매를 걷어 올린 채 열심히 일하고 있다.

5. The thief ran away ＿＿＿＿＿＿＿＿＿＿＿＿＿. (his shoes, come off)
   그 절도범은 신발이 벗겨진 채로 도망쳤다.

독립 분사구문

Fragment 03

Considering ~	~을 고려한다면
Judging from ~	~로 판단하건대
Granting that ~	~라 하더라도
Generally speaking ~	일반적으로 말하자면
Strictly speaking ~	엄격하게 말하자면
Frankly speaking ~	솔직하게 말하자면

주어진 우리말에 맞게 빈칸에 들어갈 말을 보기에서 찾아 쓰시오.

> **보기** Considering   Judging from   Granting that
> Generally speaking   Strictly speaking   Frankly speaking

1. _____ his accent, he must be from England.
   그의 억양으로 판단해 보건대 그는 영국 출신이 틀림없다.

2. _____, women live longer than men.
   일반적으로 여자가 남자보다 오래 산다.

3. _____ her expensive car, she must be very rich.
   그녀의 비싼 차로 고려해 보면 그녀는 아주 부자임이 틀림없다.

4. _____, James broke up with his girlfriend.
   솔직히 말해서 James는 그의 여자 친구와 헤어졌다.

5. _____ the high price of oil, it is good to use public transportation.
   높은 유가를 고려하면 대중교통을 이용하는 것이 좋다.

6. _____ his face, Daniel must be a famous actor.
   그의 얼굴로 판단해 보건대, Daniel은 유명한 배우임에 틀림없다.

7. _____ he has a lot of money, he is not a suitable candidate.
   그는 많은 돈을 가졌더라도 적합한 후보자는 아니다.

8. _____, his score is a failing grade.
   엄밀히 말해서 그의 점수는 낙제점이다.

9. _____ his ability, he should have done better.
   그의 능력을 고려해 보면, 그는 더 잘했어야 했다.

10. _____, I don't agree to the plan.
    엄밀히 말해서, 나는 그 계획에 동의하지 않는다.

절대 내신 문제

※ 정답 및 해설 p.016~018

01 주어진 빈칸에 들어갈 말이 알맞게 짝지어진 것은?

> We looked at the _____ snow.
> They found some _____ treasure in the cave.

① fallen − hidden   ② falling − hiding
③ falling − hidden   ④ falling − to hide
⑤ fallen − hiding

02 주어진 문장의 밑줄 친 단어의 쓰임이 보기와 같은 것은?

> 보기 The man standing next to the tree is Roy.

① I stopped drinking coffee for my health.
② The child was rescued from a burning house.
③ You should not postpone answering her letter.
④ Making good friends during school days is really important.
⑤ My plan for this weekend is doing volunteer work at the nursing home.

[3~4] 주어진 문장의 빈칸에 들어갈 말로 적절한 것은?

03

> He got the picture frame _____ to the wall.

① attach   ② attaching
③ to attach   ④ attached
⑤ to be attached

04

> I found Kevin _____ the piano in his room.

① play   ② played
③ playing   ④ be playing
⑤ be played

[5~6] 주어진 문장 중 어법상 틀린 것을 고르시오.

05
① I've known him for 15 years.
② The math problems are very confusing.
③ They had the cat curing by the animal doctor.
④ Arriving home, she found that there was no one in the house.
⑤ Not hearing well what he had said, she asked him to repeat again.

06
① Amy looked very exhausting.
② I saw a man wearing a black hat.
③ Please keep this lid closed after use.
④ I want the work done by next Monday.
⑤ Looking at the sky, she is lying on the beach.

07 주어진 우리말을 영어로 적절히 영작한 것은?

> 나는 음악을 들으면서 설거지를 했다.

① Listening to music, I washed the dishes.
② While listened to music, I washed the dishes.
③ While I listened to music, washed the dishes.
④ I was listening to music, washing the dishes.
⑤ I was listening to music, I washed the dishes.

08 주어진 두 문장을 같은 의미로 할 때 빈칸에 들어갈 말은?

> Because I was confused with all the complicated thoughts, I couldn't go to bed early.
> = _____ confused with all the complicated thoughts, I couldn't go to bed early.

① Having   ② Being
③ Having been   ④ Not being
⑤ Not having been

09 주어진 문장의 빈칸에 들어갈 말로 짝지어진 것은?

> Harry got his hair _____ yellow.
> _____ by his song, I wept.

① dyeing − Impressed ② dyeing − Impressing
③ dyed − Impressing ④ dyed − Impressed
⑤ dye − Impressed

10 주어진 문장의 분사구문의 용법이 나머지와 <u>다른</u> 하나는?

① Having no money, I can't buy a car.
② Watching the movie, we ate popcorn.
③ Feeling sick, I don't want to have dinner.
④ Being scolded by his teacher, he became depressed.
⑤ Being kind and generous, she is loved by everyone.

11 주어진 문장의 빈칸에 들어갈 적절한 것은?

> _____ his nice voice, he would be very popular.

① Judging from ② Compared to
③ Granting that ④ Frankly speaking
⑤ Generally speaking

[12~13] 주어진 문장을 분사구문을 사용하여 다시 쓸 때 적절한 것을 고르시오.

12

> Since he missed the bus, he couldn't arrive on time.

① Missed the bus, he couldn't arrive on time.
② Missing the bus, he couldn't arrive on time.
③ Since miss the bus, he couldn't arrive on time.
④ He missing the bus, he couldn't arrive on time.
⑤ Being missed the bus, he couldn't arrive on time.

13

> Because she didn't know what to do, she asked him for advice.

① Knowing what to do, she asked him for advice.
② Knowing not what to do, she asked him for advice.
③ Because know what to do, she asked him for advice.
④ Not knowing what to do, she asked him for advice.
⑤ She knowing not what to do, she asked him for advice.

14 주어진 문장의 밑줄 친 부분이 어법상 적절한 것은?

① <u>Lost</u> all the money, he walked home.
② <u>Knowing not</u> what to say, I sat silently.
③ <u>Being</u> very cold, we couldn't go hiking.
④ <u>Having been used</u> for a few years, my phone looks old.
⑤ <u>Frankly spoken</u>, he needs more practicing.

15 우리말을 영어로 옮길 때, 빈칸에 들어갈 것은?

> 그는 팔짱을 낀 채 내 말을 들었다.
> He listened to me _____.

① with his arms folding ② with his arms folded
③ with his arms fold ④ his arms folded
⑤ his arms folding

16 주어진 문장의 밑줄 친 부분과 바꿔 쓸 수 있는 것은?

> James came up to me, <u>and asked</u> to sing together.

① asking ② to ask
③ asked ④ being asked
⑤ been asked

17 주어진 문장의 빈칸에 들어갈 말로 적절한 것은?

> I used to sit on the chair _____.

① crossed my leg
② my legs crossing
③ with my legs crossing
④ with my legs crossed
⑤ having my legs crossing

18 주어진 문장을 아래와 같이 바꿔 쓸 때 빈칸에 들어갈 적절한 것은?

> Because I was disappointed at her rude behavior yesterday, now I don't want to talk with her anymore.
> → _____ at her rude behavior yesterday, now I don't want to talk with her anymore.

① disappointed
② disappointing
③ Having disappointed
④ Having been disappointed
⑤ Having been disappointing

19 주어진 두 문장의 의미가 같도록 빈칸에 들어갈 것은?

> When a rainbow rose, we shouted for joy.
> = _____, we shouted for joy.

① Rise
② Rising
③ Having rose
④ A rainbow risen
⑤ A rainbow rising

20 어법상 어색한 문장은?

① I got a letter written in Italian.
② I saw Jessica dancing on the stage.
③ She had her wallet stealing in the bus.
④ Getting some relax, I'll get better soon.
⑤ Though winning the game, I didn't feel really happy.

서술형 주관식 문제

1 주어진 우리말과 의미가 같도록 괄호 안에 단어를 배열하여 문장을 완성하시오.

> _____, the cold wind began to blow. (come on / winter / with)
> 겨울이 다가오면서 찬바람이 불기 시작했다.

2 주어진 문장을 분사구문으로 고쳐 쓸 때, 빈칸에 알맞은 말을 쓰시오.

> If you are not able to memorize your IDs and passwords, you'd better make a note of them.
> → _____ memorize your IDs and passwords, you'd better make a note of them.

3 주어진 문장의 밑줄 친 부분을 아래 단어로 시작하는 문장으로 고쳐 쓰시오.

> <u>The last bus having already left</u>, we had to walk home.
> Because _____

4 주어진 대화의 내용과 일치하도록 아래 문장의 빈칸에 알맞은 말을 쓰시오.

> John : Did you see the game?
> Mina : Yes, it was so exciting.
> → Mina _____ so _____ to see the game.

5 주어진 문장의 어법상 <u>어색한</u> 부분을 찾아 고쳐 쓰시오.

> The news about his sudden death was shocked to all the people.
> _____

01 다음 글에서 밑줄 친 부분 중, 어법상 틀린 것은?

The Sun was man's first clock. Long ago men ① <u>guessed</u> at the time of day by watching the Sun as ② <u>it</u> moved across the sky. Then men noticed that the shadow changed length and moved during the day. They found they could tell the time more accurately by watching shadows than ③ <u>by looking at</u> the Sun. From this it was an easy step to inventing the sundial. The first sundials were probably just poles stuck into the ground with stones ④ <u>placing</u> around the pole to mark the position of the shadow. Sundials ⑤ <u>have been</u> in use for many centuries and are still in use today.

02 (A), (B), (C) 각 네모 안에서 어법에 맞는 표현을 골라 짝지은 것은?

In the 1700s, King George III of England (A) founded / had founded a peculiar holiday — Bean Day! While inspecting the construction of a military establishment near London, he smelled something cooking. It was baked beans and bacon. (B) Hearing not / Not having heard of the dish before, the king (C) sat / seated down and ate it with his workers. Because he so enjoyed this feast with his subjects, the king instituted a yearly bean celebration.

(A)	(B)	(C)
① founded	Hearing not	sat
② founded	Hearing not	seated
③ had founded	Not having heard	seated
④ had founded	Hearing not	seated
⑤ founded	Not having heard	sat

수동태

수동태의 시제

구분	형태	의미
현재	am/is/are + 과거분사	~된다
과거	was/were + 과거분사	~되었다
미래	will be + 과거분사	~될 것이다
진행형	be + being + 과거분사	~되고 있다
완료형	have + been + 과거분사	~되어 왔다
조동사	can[will/should/must/may .....] + be + 과거분사	

수동태 전환이 불가능한 경우

목적어를 취하지 않는 자동사와 상태를 나타내는 동사

자동사	appear, arrive, be, become, exist, happen, rise, remain 등
상태동사	belong, have, lack, possess, resemble, want 등

The room **is cleaned** everyday. 그 방은 매일 청소된다.
The room **was cleaned** everyday. 그 방은 매일 청소되었다.
The room **will be cleaned** everyday. 그 방은 매일 청소될 것이다.
The room **is being cleaned** now. 그 방은 지금 청소되고 있다.
The room **has been cleaned** for 3 hours. 그 방은 3시간 동안 청소되었다.

A 주어진 문장의 괄호 안에서 어법상 적절한 것을 고르시오.

1. My suggestion will be (accept, accepted) by the company.

2. The dogs (remained, were remained) quiet in their houses.

3. Honey (collects, is collected) from the beehive.

4. These historical paintings will (returned, be returned) to Korea.

5. A new comet (was founded, has been found) by the scientist since last month.

B 주어진 문장 중 어법상 <u>틀린</u> 것을 찾아 고쳐 쓰시오.

1. This machine will fixed tomorrow afternoon.

2. By next year, the construction will have completed.

3. Thomas is resembled by his father.

4. The law must obey by the people.

5. The church is building by the villagers.

4형식 수동태

4형식은 간접목적어, 직접목적어를 모두 주어로 하여 수동태를 만들 수 있다.
직접목적어를 주어로 할 경우에는 동사의 성격에 따라 전치사를 다음과 같이 분류해서 써야 한다.

to	give, teach, send, show, write, pass, read 등
for	make, buy, get 등
of	ask, inquire 등

Jack gave me some flowers. Jack은 나에게 꽃을 주었다.
→ I was given some flowers by Jack. (간접목적어를 주어로)
→ Some flowers were given **to** me by Jack. (직접목적어를 주어로)

A 주어진 문장을 수동태로 고쳐 쓸 때 빈칸에 들어갈 말을 쓰시오.

1. The company offered James a good opportunity.
   → A good opportunity _____ James by the company.

2. The lawyer asked him a few questions.
   → A few questions _____ him by the lawyer.

3. Henry made me these paper planes.
   → These paper planes _____ me by Henry.

4. We gave Amie a watch upon her graduation.
   → A watch _____ Amie by us upon her graduation.

5. Parents bought me the toy as a gift.
   → The toy _____ me by parents as a gift.

B 주어진 우리말에 맞게 괄호 안의 단어를 이용해서 빈칸을 채우시오.

1. The brand-new camera _____ him. (bring)
   누군가 그에게 최신형 카메라를 사 주었다.

2. The storybook _____ me. (show)
   그 이야기책이 나에게 보여졌다.

3. Coffee _____ all of us by Ms. Berry. (make)
   우리 모두를 위해 Berry 선생님에 의해 커피가 만들어졌다.

4. The difficult question _____ me. (ask)
   어려운 질문이 나에게 주어졌다.

5. A bottle of milk _____ Jisun everyday. (send)
   Jisun에게는 우유 한 병이 매일 보내진다.

Fragment 03 5형식 수동태

5형식 문장의 목적어가 수동태의 주어가 되며, 'be + 과거분사' 뒤에 목적격보어를 그대로 써 준다.

She made her son a capable business person. 그녀는 아들을 능력 있는 사업가로 만들었다.
→ Her son **was made** a capable business person by her.

지각동사 · 사역동사 수동태

목적격보어가 동사원형	to부정사로 바뀜
목적격보어가 분사	그대로 씀

He often makes people smile. 그는 종종 사람들을 웃게 한다.
→ People **are often made to** smile by him.

I felt the wind blowing gently over my shoulder. 내 어깨 위에 산뜻한 바람이 부는 것을 느꼈다.
→ The wind **was felt blowing** gently over my shoulder.

A 주어진 문장의 괄호 안에서 어법상 적절한 것을 고르시오.

1. He was made (deliver, to deliver) the box to Perez's house.

2. A mosquito was noticed (biting, bite) me.

3. She was seen to (practice, practicing) singing the song for the contest.

4. The cell was observed (cultivate, cultivating) by the scientist in the lab.

5. The teacher had the students (make, made) decisions by themselves.

B 주어진 문장을 수동태로 바꾸어 쓸 때 빈칸에 적절한 것을 쓰시오.

1. The campaign encouraged people to save the earth.
   → People were encouraged _____ by the campaign.

2. They made David sing a song.
   → David was made _____ a song by them.

3. They watched the birds flying from the north.
   → The birds were watched _____ from the north by them.

4. My mother allowed me to raise a cat in my room.
   → I _____ raise a dog in my room by my mother.

5. I made the builder fix the roof of my house.
   → The builder _____ fix the roof of my house by me.

Fragment 04 by 이외의 전치사를 사용하는 수동태

with	be covered with ~로 덮여 있다
	be pleased with ~에 기뻐하다
	be depressed with ~에 절망하다
	be filled with ~로 가득 차다
	be satisfied with ~에 만족하다
	be crowded with ~로 붐비다
to	be known to ~에게 알려져 있다
	be exposed to ~에 노출되어 있다
	be related to ~에 관련되어 있다
	be opposed to ~에 반대하다
in	be interested in ~에 관심이 있다
	be absorbed in ~에 푹 빠져 있다
	be involved in ~에 연루되다
	be located in ~에 위치해 있다
at	be surprised at ~에 놀라다
	be disappointed at ~에 실망하다

＊동사구를 수동태로 만들 때 전치사를 생략하지 않도록 한다.

A 주어진 문장의 빈칸에 의미상 들어갈 말을 쓰시오.

1. The top of Mont Blanc is covered _____ clouds.
2. The delicious bread is filled _____ lemon cream.
3. I was interested _____ the main characters in that book.
4. The coach and the players are disappointed _____ the results.
5. To tell the truth, I'm very worried _____ my father's health.

B 주어진 우리말에 맞게 괄호 안의 단어를 이용하여 빈칸을 채우시오.

1. My son is _____ in watching the cartoons. (absorb)
2. Our leg bone is _____ to our hip bone. (connect)
3. This book is _____ to the field of history. (relate)
4. The shopping mall was _____ with people. (crowd)
5. The writer is _____ to everybody in town. (know)

절대 내신 문제

※ 정답 및 해설 p.020~022

01 주어진 문장 중 수동태로 바꾸어 쓸 수 <u>없는</u> 문장은 몇 개인가?

- A car accident happened last night.
- People believe that he stole the money.
- He made his daughter happy all the time.
- I wrote the report about water pollution.
- She has extensive knowledge of Chinese history.

① 0개   ② 1개   ③ 2개
④ 3개   ⑤ 4개

02 주어진 문장을 수동태로 바르게 고쳐 쓴 것은?

Amy returned the book to the library.

① Amy has returned the book to the library.
② The book is returned by Amy to the library.
③ Amy was returned by the book to the library.
④ The book was returned by Amy to the library.
⑤ The book was returning by Amy to the library.

[3~4] 주어진 문장의 빈칸에 들어갈 말로 알맞은 것을 고르시오.

03

She _____ the box to Ann's house.

① deliver   ② made deliver
③ made to deliver   ④ was made deliver
⑤ was made to deliver

04

This project _____ next week.

① finishes   ② finished
③ will be finished ④ was finished
⑤ has been finished

05 주어진 문장 중 어법상 <u>틀린</u> 것은?

① She got promoted yesterday.
② I was had to go on a trip with my friends.
③ The whole town is covered with volcanic ash.
④ My family is often made to smile by our dog.
⑤ Harry was elected chairman of the committee by us.

[6~7] 빈칸에 들어갈 말이 알맞게 짝지어진 것을 고르시오.

06

- I used to be absorbed ____ foreign pop music.
- I don't think we should be worried ____ that.

① at − to   ② at− with
③ in − to   ④ in −about
⑤ in − with

07

- Dogs are _____ trained in many ways by expert trainers.
- This famous movie has _____ watched by many people.

① be − be   ② been − be
③ being − being ④ being − been
⑤ been − been

08 주어진 우리말을 영어로 알맞게 영작한 것은?

그 사실은 Tim을 제외한 모든 사람에게 알려져 있다.

① Everyone is known the fact except Tim.
② Everyone is known except Tim the fact.
③ The fact is known to Tim except everyone.
④ The fact is known as Tim except everyone.
⑤ The fact is known to everyone except Tim.

09 주어진 대화의 빈칸에 공통으로 들어갈 적절한 것은?

A: When _____ these photos taken?
B: They _____ taken when you were five years
   old.

① be   ② is   ③ were
④ been   ⑤ being

10 다음 문장을 수동태로 전환할 때 <u>어색한</u> 것은?

① She calls her husband "Honey".
   → Her husband is called "Honey" by her.
② My sister bought me a nice hairpin.
   → A nice hairpin was bought me by my sister.
③ He found the house burned by the fire.
   → The house was found burned by the fire by
      him.
④ She noticed a mosquito biting her.
   → A mosquito was noticed biting her.
⑤ My mother allowed me to go out with friends.
   → I was allowed to go out with friends by my
      mother.

11 주어진 우리말을 영작할 때, 빈칸에 들어갈 말이 알맞게 짝지어진 것은?

이 시계가 언제까지 수리되어야 하나요?
By when _____ the watch _____?

① should − repair   ② is − be repaired
③ can − is repaired   ④ is − been repaired
⑤ should − be repaired

12 주어진 문장의 빈칸에 들어갈 전치사가 나머지와 <u>다른</u> 하나는?

① The truck is covered _____ snow.
② She was very tired _____ overwork.
③ They are satisfied _____ the results.
④ The bread is filled _____ white cream.
⑤ We are opposed _____ the death penalty.

13 주어진 문장의 빈칸에 들어갈 수 <u>없는</u> 것은?

Sam was _____ to do the work.

① made   ② seen
③ heard   ④ advised
⑤ had

14 주어진 문장을 수동태로 적절하게 바꾸어 쓴 것은?

My mom allowed me to raise a hamster.

① My mom was allowed me to raise a hamster.
② My mom was allowed to raise a hamster.
③ I was allowed to raising a hamster my mom.
④ I was allowed to raise a hamster my mom.
⑤ I was allowed to raise a hamster by my mom.

15 주어진 문장에서 어법상 <u>어색한</u> 부분을 찾아 바르게 고친 학생은? (1개 이상 가능)

Did the roof damage by the storm last night?

① 미나: Did → Is
② 동혁: Did → Was
③ 은수: Did → Were
④ 하은: damage → damaged
⑤ 한별: damage → be damaged

16 주어진 문장의 빈칸에 공통으로 들어갈 것은?

He was involved _____ serious car
accident last night.
Paris is located _____ the northern part of
the country.

① in   ② to
③ at   ④ with
⑤ for

17 주어진 문장의 빈칸에 들어갈 말이 나머지와 <u>다른</u> 것은?

① Henry was made _____ finish the book.
② Ally was heard _____ cry in her room.
③ Science is taught _____ us by Mr. Jung.
④ Paul is known _____ everybody in his school.
⑤ A brand new computer was bought _____ Sujin.

18 주어진 문장이 어법상 <u>틀린</u> 것은?

① A monkey was seen to climb a tree by us.
② The expensive car was sold to a young man.
③ Now, Chris is being interviewed by the boss.
④ Much money will have donated by the end of this year.
⑤ Many wild animals have been caught by human's greed.

[19~20] 우리말과 일치하도록 빈칸에 알맞은 것을 고르시오.

19

나는 의사에게 규칙적으로 약을 복용하라는 충고를 들었다.
I _____ the medicine regularly by the doctor.

① advised to take
② was advised take
③ was advised taking
④ was advised to take
⑤ advised to be taken

20

이 책장은 어디에 놓아야 하죠?
Where should the bookshelf _____?

① place
② placed
③ be placed
④ is placed
⑤ been placed

서술형 주관식 문제

1 주어진 문장의 어법상 <u>틀린</u> 부분을 찾아 고쳐 쓰시오.

The boy was praised by everyone because he was behaved well.

_____ → _____

2 다음 문장을 수동태로 고쳐 쓸 때 빈칸에 알맞은 말을 쓰시오.

I will give my girlfriend a birthday present.
→ A birthday present _____ _____ _____ _____ my girlfriend.

3 우리말과 의미가 같도록 괄호 안에 주어진 말을 알맞은 순서로 배열하시오.

그는 경연대회를 위해 기타 연습을 하는 모습을 보였다. (seen / practice / to / was)
He _____ playing the guitar for the contest.

4 주어진 대화에서 어법상 <u>틀린</u> 것을 찾아 고치시오.

A: I worried by my health. Sometimes I feel dizzy and weak.
B: Oh, no! Why don't you go see a doctor?

_____ → _____

5 주어진 문장을 수동태로 바꿔 쓰시오.

The news made us think about the ethics in business.

_____

_____

수능 절대 문항 맛보기

정답 및 해설 P. 023

01 다음 글에서 밑줄 친 부분 중, 어법상 틀린 것은?

In 1960, scientists ① <u>discovered</u> a new and fantastic carrier that could handle all the combined messages formerly transmitted by telephone, radio, and television. It ② <u>is known as</u> the laser and it is an extremely narrow beam of light — the sharpest, purest, and most intense light ever seen. Lasers are different from ordinary light. Ordinary light ③ <u>is consisted of</u> waves that are called "incoherent light." This means the waves are of different frequencies; they ④ <u>are all jumbled</u> together and the waves of light fly off in every direction. The light waves produced by the laser ⑤ <u>are</u> "coherent."

02 (A), (B), (C) 각 네모 안에서 어법에 맞는 표현을 골라 짝지은 것은?

The earth's surface is mostly water. Almost three-fourths of the earth (A) covered / is covered by ocean. We divide the land areas into continents. The map below shows the seven continents; North America, South America, Europe, Africa, Asia, Australia, and Antarctica. If you look at a globe, you will notice that the earth (B) divides / is divided into two hemispheres. The continents of North America and South America are in the Western Hemisphere. Europe, Africa, Asia, and Australia are in the Eastern Hemisphere. A globe shows what the earth looks like in space. But you can (C) see / be seen only one side or one hemisphere at a time.

(A)	(B)	(C)
① covered	divides	see
② is covered	is divided	see
③ covered	is divided	be seen
④ is covered	divides	be seen
⑤ is covered	is divided	be seen

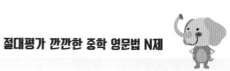

Chapter 06

조동사

기본적인 조동사

조동사	의미
can(could)	가능 · 능력(~할 수 있다) / 허락(~해도 좋다) / 요청(~해 주시겠습니까?) / 부정적 추측(~일 리가 없다)
may(might)	허락(~해도 좋다) / 요청(~해 주시겠습니까?) / 추측(~일지도 모른다)
should(ought to)	권유 · 충고(~하는 게 좋다) / 의무 · 당연(~해야 한다)
must(have to)	의무 · 필요(~해야 한다) / 강한 추측(~임에 틀림없다)

A 주어진 문장의 괄호 안에서 어법상 올바른 것을 고르시오.

1. We (must keeps, have to keep) quiet in the library.

2. She lives in a very big house. She (cannot, should) be poor.

3. Speak loudly. I (can, must) not hear you.

4. He is cunning. You (ought to, should) not believe his every word.

5. (May, Will) you please pass me the sugar?

B 주어진 문장의 괄호 안의 단어를 어법에 맞게 재배열하시오.

1. You (must, take, not, pictures) in this museum.

2. (ask, may, I, you) a very personal question?

3. You (not, should, eat) salty food.

4. How often do I (medicine, to, have, take, the)?

5. We (listen, ought, to, to) our parents.

Fragment 02 혼동하기 쉬운 조동사 표현

* had better, would rather

조동사	의미	부정형
had better	…하는 게 낫다, …하는 편이 좋다	had better not
would rather	차라리 …하겠다	would rather not

* would, used to

조동사	의미
would	과거의 습관(…하곤 했다) / 과거의 의지나 고집(기어이 …하려고 했다) / 정중한 부탁(…해 주시겠습니까?) / 간절한 소망(…이기를 바라다)
used to	과거의 습관(늘 …하곤 했다) / 과거의 상태(과거에 …였었다)

A 주어진 우리말에 맞는 것을 괄호 안에서 고르시오.

1. You'd (better not, not better) eat fatty food. It is harmful to health.
   너는 짠 음식을 먹지 말아야 한다. 이것은 건강에 해롭다.

2. You (had better not, would rather) read comic books too much.
   너는 만화책을 너무 많이 읽지 않는 것이 좋겠다.

3. Tylus (used to, would) work out for an hour every evening.
   Tylus는 매일 저녁 한 시간 동안 운동을 하곤 했다.

4. My father (used to, would) often look out of the window in the living room.
   아버지는 종종 거실에서 창문 밖을 바라보시곤 했다.

5. It is too noisy, I (had better, would rather not) listen to music like that.
   너무 시끄럽다. 그런 음악은 차라리 안 듣는 게 낫다.

B 주어진 문장에서 어법상 틀린 것을 찾아 고치시오.

1. I would climb a pine tree on the playground after lunch.

2. You'd better to have a snack, or you'll be hungry during the trip.

3. Sometimes I used to have dinner at a Italian restaurant.

4. I have a stomachache. I would not rather have lunch.

5. My grandfather used to watching TV after dinner every day.

Fragment 03 조동사 + have + 과거분사

조동사 표현	의미
cannot have + 과거분사	과거 사실에 대한 강한 부정(…했을 리가 없다)
may have + 과거분사	과거 사실에 대한 추측(…했을 것이다, …했을지도 모른다)
must have + 과거분사	과거 사실에 대한 강한 추측(…이었음에 틀림없다)
should have + 과거분사	과거에 하지 않은 일에 대한 유감(…했어야 했는데 안 했다)

A 주어진 문장의 괄호 안에서 어법상 맞는 것을 고르시오.

1. He hasn't arrived yet. He (must, should) have gotten lost.

2. Betty (can, may not) have caught the train. I think she missed it.

3. It was a lovely old building. They (must, shouldn't) have knocked it down.

4. Finally, he did it. He (may, can) have hidden his talent.

5. Jenny was so angry. You (should, shouldn't) have kept your promise.

B 주어진 우리말에 맞게 괄호 안의 단어를 알맞게 고쳐 쓰시오.

1. James (could pass) the test, but he didn't take it.
   James는 확실히 시험에 합격할 수 있었지만 시험을 보지 않았다.

2. He looks tired. He (should take) a rest yesterday.
   그는 피곤해 보인다. 그는 어제 쉬었어야만 했는데.

3. She (cannot tell) a lie. I trust her.
   그녀는 거짓말하지 않았음에 틀림없다. 나는 그녀를 믿는다.

4. I'm not sure, but we (may leave) the tickets at home.
   확실하지 않지만, 우리는 집에 표를 두고 온 것 같다.

5. The hotel has no vacant room now. We (should make) a reservation beforehand.
   그 호텔은 지금 빈 방이 없다. 우리는 미리 예약을 했어야만 했는데.

절대 내신 문제

[1~2] 우리말과 의미가 같도록 알맞은 말을 쓰시오.

01

너는 언젠가 운전을 할 수 있을 거야.
You _____ drive a car someday.

① can
② will can
③ could
④ might
⑤ will be able to

02

그는 오늘 아침 일찍 일어날 필요가 없다.
He _____ get up early this morning.

① used to
② have to
③ might
④ doesn't have to
⑤ doesn't need

03 주어진 우리말을 영작한 것 중 옳지 않은 것은?

너는 도서관에서 시끄럽게 해서는 안 된다.

① You must not make a noise at the library.
② You should not make a noise at the library.
③ You had better not make a noise at the library.
④ You ought not to make a noise at the library.
⑤ You don't have to make a noise at the library.

04 주어진 문장의 밑줄 친 부분과 바꿔 쓸 수 있는 것은?

However hard I tried, I was not able to meet the expectation of my parents.

① must not
② cannot
③ may not
④ could not
⑤ might not

05 주어진 보기의 밑줄 친 부분과 다른 의미로 쓰인 것은?

보기 The rumor may be true, though I'm not sure.

① This time it may be difficult.
② She may possibly not come today.
③ You may use this room for a month.
④ We cannot know what may happen in the future.
⑤ A friend today may turn against you tomorrow.

[6~7] 빈칸에 들어갈 말로 알맞은 것을 고르시오.

06

Harry got an A in math test. He _____ stayed up studying all night.

① must
② cannot have
③ should have
④ must have
⑤ need not have

07

I _____ her this map. If so, she would not have gotten lost.

① should have given
② cannot have given
③ may have given
④ must have given
⑤ need not have given

08 주어진 문장의 빈칸 안에 들어갈 말이 적절히 짝지어진 것은?

I would rather _____ with you than _____ at home.

① going-studying
② going-study
③ go-studying
④ to go-to study
⑤ go-study

09 주어진 문장을 고쳐 쓸 때 그 의미에 맞게 빈칸에 들어갈 것은?

> Sometimes I would go to the mountain with my father.
> → I _____ go to the mountain with my father every Saturday.

① would rather   ② used to
③ am used to   ④ might
⑤ had better

10 주어진 대화에 들어갈 대답으로 적절한 것은?

> A: Would you like to join our camping trip?
> B: _____.

① Yes, I do.
② Sure. That sounds bad.
③ I'd like to, but I can't.
④ No, I'd like to.
⑤ Of course not. I'd love to.

11 주어진 문장이 어법상 올바른 것은?

① You ought to not behave like that.
② I had rather stay at home than go out.
③ We had not better stay here any longer.
④ I needs not necessarily attend the meeting.
⑤ Karl must be stupid as an owl to say such a silly thing.

12 주어진 문장의 어법상 어색한 것을 찾아 바르게 고친 학생은?

> He suggested that we proceeded with the work.

① 세호: suggested → suggesting
② 나리: that → which
③ 진희: proceeded → (should) proceed
④ 승석: proceeded → to proceed
⑤ 효연: work → works

13 두 문장의 뜻이 같도록 빈칸에 들어갈 말로 짝지어진 것은?

> I would rather starve to death than steal.
> = I _____ starve to death _____ steal.

① may well − so   ② may as well − as
③ may as well − to   ④ might well − as
⑤ might as well − to

14 주어진 문장 중 어법상 <u>어색한</u> 것은?

① You will have to clean your room.
② She would rather sleep than have eaten.
③ You ought not to break your word.
④ Did you used to go to the movies?
⑤ You will be able to drive when you are 18.

15 보기의 밑줄 친 조동사와 의미가 <u>다른</u> 것은?

> 보기 I <u>would</u> go shopping with mom.

① I <u>would</u> jog every morning 5 years ago.
② They <u>would</u> play basketball after school.
③ My father <u>would</u> go fishing on weekends.
④ She <u>would</u> often come to see us when she was a child.
⑤ He said that he <u>would</u> be happy to lose some weight.

16 주어진 문장의 밑줄 친 부분이 어법상 옳게 쓰인 것은?

① I'd <u>not rather</u> bring the old bag.
② She <u>has better</u> wash her face now.
③ You <u>had not better</u> waste your money.
④ I <u>should have not bought</u> the unnecessary things.
⑤ It <u>might not have rained</u> a lot last night.

17 주어진 문장을 지시대로 바꿔 쓴 것 중 **틀린** 것은?

① I can paint the house. (미래시제로)
   → I will be able to paint the house.
② He has to learn how to skate. (미래시제로)
   → He will have to learn how to skate.
③ My family has to move to other city. (과거시제로)
   → My family had to move to other city.
④ The chairman must choose a topic. (부정문으로)
   → The chairman doesn't have to choose a topic.
⑤ The boss has to apologize to all people.
  (의문문으로)
   → Does the boss have to apologize to all people?

18 주어진 문장의 밑줄 친 부분이 의미하는 것은?

> My dad <u>may have been happy</u> when he received my letter.

① 추측   ② 허락   ③ 요청
④ 후회   ⑤ 유감

19 주어진 우리말에 맞게 빈칸에 들어갈 가장 적절한 것은?

> 그 게임은 세 시에 시작했어야 한다.
> The game _____ at three.

① might have started   ② should have started
③ may have started   ④ must have started
⑤ cannot have started

20 주어진 문장의 빈칸에 공통으로 들어갈 적절한 것은?

> • You _____ have come earlier. The store has been closed down.
> • He demanded that I _____ finish my homework.

① would   ② must   ③ should
④ had better   ⑤ would rather

서술형 주관식 문제

[1~2] 주어진 두 문장의 의미가 같도록 빈칸에 알맞은 말을 쓰시오.

1. I may as well think it over as decide now.
  = I _____ think it over _____ decide now.

2. I am sure that he has borrowed my notebook.
  = He _____ _____ _____ my notebook.

3 주어진 문장의 어법상 <u>어색한</u> 부분을 찾아 바르게 고치시오.

You ought to not jump on the bed.

_____ → _____

4 주어진 문장을 다음 조건에 맞게 같은 의미의 문장으로 고쳐 쓰시오.

It is certain that she failed the test.
(조건 1. 조동사 사용   조건 2. 6단어를 쓸 것)

_____

5 주어진 대화의 빈칸에 들어갈 말로 적절한 것을 쓰시오.

A : Be careful!
B : Oops! I spilled milk on my trousers.
A : You should _____ more careful.

수능 절대 문항 맛보기

정답 및 해설 P. 27

01

다음 글에서 밑줄 친 부분 중, 어법상 틀린 것은?

Please ① <u>obey</u> the "Fasten Seat Belt" sign at all times. Throughout the flight we recommend that you ② <u>are keeping</u> your seat belt fastened in case the aircraft experiences any unexpected turbulence. Before takeoff, our cabin crew ③ <u>will demonstrate</u> many features including the use of your emergency life jacket and oxygen mask. Please pay close attention to the cabin crew and note where the emergency exits ④ <u>are located</u>. Your flight attendant ⑤ <u>will be</u> happy to answer any questions to secure your safety.

02

다음 글의 밑줄 친 부분 중 어법상 틀린 것은?

Outsiders often find it difficult to understand the cave dwellers' passion for their homes. They ① <u>cannot comprehend</u> why the cave dwellers ② <u>used not to</u> exchange their cave for a modern home. However, the benefits of cave living are easy to see. Because caves have thick, solid walls and roofs, they ③ <u>are never cold</u> in winter or hot in summer. They are also relatively inexpensive ④ <u>because they are</u> made of materials that are within easy reach. In addition, they do not occupy valuable farmland. With all these advantages, caves ⑤ <u>have attracted</u> the attention of architects throughout the world. Environmentalists are also impressed at their ecological soundness.

Chapter
07

가정법

가정법 과거

쓰임	현재 사실과 반대되는 것을 가정할 때 사용
형태	If + 주어 + 동사의 과거형 …, 주어 + 조동사의 과거형 + 동사원형 ~
의미	만약 …라면 ~일 텐데

If it **were** fine, **we could go** hiking. 만일 날씨가 맑다면, 우리는 소풍 갔을 텐데.
= As it is not fine, we don't go hiking. 날씨가 맑지 않아서, 우리는 소풍 갈 수 없다.

A 주어진 문장의 괄호 안에서 어법상 맞는 것을 고르시오.

1. If I (are, were) young, I could marry the top model.
2. If it rained, my son (take, would take) an umbrella.
3. If we were not poor, we (could, couldn't) buy new smart phones.
4. If James (likes, liked) to read books, he would go to the library with us.
5. If I were the president, I (lower, would lower) taxes.

B 주어진 문장의 밑줄 친 부분을 어법에 맞게 고쳐 쓰시오.

1. If I <u>inherit</u> a million dollars, I could buy a new house.
2. If my teacher were not sick, we <u>visit</u> museum together.
3. If Tony <u>know</u> her phone number, he could call her.
4. If the poor orphan ate some food, he <u>be</u> hungry.
5. If I went home now, I <u>watch</u> the TV drama.

Fragment
02

가정법 과거완료

쓰임	과거 사실과 반대되는 것을 가정할 때 사용
형태	If + 주어 + had + 과거분사 …, 주어 + 조동사의 과거형 + have + 과거분사
의미	만약 …이었다면 ～이었을 텐데

If I **had had** a cell phone, I **could have called** you. 만일 휴대폰이 있었다면, 너에게 전화했을 텐데.
= As I didn't have a cell phone, I didn't call you. 휴대폰이 없어서 너에게 전화를 하지 못했다.

A 주어진 문장의 괄호 안에서 어법상 맞는 것을 고르시오.

1. If he (married, had married) his first love, he would have been happy.
2. If I had gone to the party, I (would see, would have seen) the famous actor.
3. If he (knew, had known) that, he would have decided differently.
4. If you hadn't been selfish, you (could have, could have had) more friends.
5. If mom had read the label of the duck down jacket, she (would have washed, wouldn't have washed) it with water.

B 주어진 문장의 밑줄 친 부분을 어법에 맞게 고쳐 쓰시오.

1. If I <u>eat</u> the rotten food, I might have had a stomach.
2. Linda <u>find</u> a new job if she had stayed in Seoul.
3. If the boy hadn't played soccer, he <u>be</u> in the hospital.
4. If you had been there, I <u>be</u> in trouble.
5. If I <u>phone</u> my mother, she wouldn't have been so angry.

I wish, as if 가정법

가정법 종류		의미	해석
I wish 가정법	과거	현재에 이룰 수 없는 소망·아쉬움	~라면(한다면) 좋을 텐데
	과거완료	과거에 이루지 못한 일에 대한 아쉬움	~이었다면(했다면) 좋았을 텐데
as if 가정법	과거	현재 사실과 반대	마치 ~인(한) 것처럼
	과거완료	과거 사실과 반대	마치 ~이었던(했었던) 것처럼

I wish I **were** rich. 내가 부자라면 좋을 텐데.
I wish she **had told** me the fact. 그녀가 나에게 사실을 말해 주었다면 좋았을 텐데.
She looks **as if** she **were** ill. 그녀는 마치 병에 걸린 것처럼 보인다.
She looks **as if** she **had been** ill. 그녀는 마치 병에 걸렸던 것처럼 보인다.

A 주어진 두 문장의 의미가 같도록 빈칸에 알맞은 말을 쓰시오.

1. I wish I had married Jason then.
   = I _____ _____ that I _____ marry Jason then.

2. In fact, he didn't know the answer.
   = He acted as if he _____ _____ the answer.

3. The lady walks as if she were a fashion model.
   = In fact, the lady _____ a fashion model.

4. I'm sorry you didn't stay here for another week.
   = I wish you _____ _____ here for another week.

5. I wish we could have crossed the river.
   = I am sorry that we _____ _____ the river.

B 주어진 우리말과 같은 뜻이 되도록 빈칸에 알맞은 말을 쓰시오.

1. My mother talks _____ _____ she knew everything.
   나의 어머니는 모든 것을 다 아는 것처럼 말씀하신다.

2. I wish I _____ _____ _____ my temper then.
   내가 그때 화를 내지 않았더라면 좋았을 텐데.

3. He's not my teacher, but sometimes he acts as if he _____ _____ _____.
   그는 나의 선생님이 아니지만 때때로 선생님처럼 행동한다.

4. I wish we _____ _____ the house last year.
   우리가 작년에 집을 샀다면 좋았을 텐데.

5. She speaks English _____ _____ _____ _____ an American.
   그녀는 마치 미국인인 것처럼 영어를 말한다.

가정의 의미를 나타내는 표현

* without, but for + 명사구

가정법 과거 (만일 ~이 없다면, …일 텐데)	가정법 과거완료 (만일 ~이 없었다면, …였을 텐데)
Without[But for] ~, 가정법 과거	Without[But for] ~, 가정법 과거완료
= If it were not for ~, 가정법 과거	= If it had not been for ~, 가정법 과거완료
= Were it not for ~, 가정법 과거	= Had it not been for ~, 가정법 과거완료

Without your help, I couldn't finish my homework. 너의 도움이 없다면, 나는 숙제를 끝내지 못할 텐데.
But for your call, I would have slept until noon. 너의 전화가 없으면, 나는 오후까지 잤을 텐데.

if가 생략되면 주어, 동사는 도치된다.

If he were in town, he would visit you. 그가 시내에 있다면 그는 너를 방문할 텐데.
= **Were he** in town, he would visit you.

A 주어진 문장의 괄호 안에서 어법상 맞는 것을 고르시오.

1. (With, Without) school uniform, she wouldn't look like a student.

2. Without my cell phone, I (didn't, couldn't) watch the game on the subway.

3. (If, But for) enough time, I couldn't have gone to the movies with you.

4. But for your assistance, I (could, did) not have won the first prize.

5. (Without, If) money, we could not buy this house.

B 주어진 문장을 If를 생략해서 다시 쓰시오.

1. If the girl had been kind to me, I would have liked her.

   _____

2. If you were more diligent, you could pass the entrance exam.

   _____

3. If you had gotten up early, you wouldn't have been late for school.

   _____

4. If her mother were alive, she might be happier.

   _____

5. If my wife didn't hate animals, I might raise cats at home.

   _____

C 주어진 문장의 어법상 틀린 것을 찾아 고쳐 쓰시오.

1. It had not been for your advice, I would have attempted it yesterday.

2. With water, all living things could not exist.

3. If the Internet, we could not know the world situation.

4. Without your help, I would not pass the test the day before yesterday.

5. If had I known your birthday, I would have bought you some flowers.

절대 내신 문제

[1~2] 주어진 빈칸에 들어갈 말로 알맞은 것을 고르시오.

01

> If he _____ here, I would see him every day.

① live
② lived
③ lives
④ had lived
⑤ has lived

02

> If he _____ her earlier, she wouldn't have done so.

① warns
② warned
③ has warned
④ had warned
⑤ will warn

03 주어진 대화의 빈칸에 들어갈 알맞은 말은?

> A : Why are you walking like that? You walk as if your leg _____ broken.
> B : I think there is a problem with my leg. It really hurts.

① be
② is
③ were
④ have been
⑤ had

04 주어진 두 문장의 의미가 같도록 할 때 빈칸에 들어갈 말은?

> Without hope, life would be harder.
> = _____ hope, life would be harder.

① If it were for
② If it be not for
③ If it were not for
④ If it has been for
⑤ If it had not been for

[5~6] 주어진 두 문장의 의미가 같도록 빈칸에 들어갈 말로 짝지은 것을 고르시오.

05

> If I had enough money, I could buy the nice house.
> = As I _____ enough money, I _____ the nice house.

① have − can buy
② had − could buy
③ didn't have − couldn't buy
④ don't have − can buy
⑤ don't have − can't buy

06

> As he didn't drive carefully, he was injured.
> = If he _____ carefully, he _____ injured.

① drove − wouldn't be
② drove − wouldn't have been
③ had driven − wouldn't be
④ had driven − wouldn't have been
⑤ had driven − would have been

07 주어진 대화의 빈칸에 들어갈 적절한 것은?

> A : Did you pass the driver's license test?
> B : No, I didn't.
> A : If you had practiced with me, you could _____ the test.

① pass
② passed
③ have passed
④ had passed
⑤ past

08 주어진 우리말에 맞게 영작할 때 빈칸에 적절한 것은?

> 그녀는 마치 그 일로 인해 화가 났던 것처럼 이야기한다.
> She talks _____.

① as if she gets angry about it
② as if she got angry about it
③ as if she had gotten angry about it
④ as she got angry about it
⑤ as she had gotten angry about it

[9~10] 주어진 빈칸에 들어갈 말로 알맞은 것을 고르시오.

09

> If I had been a little younger, I _____ more things.

① might had done   ② could have done
③ could be done   ④ couldn't do
⑤ wouldn't do

10

> _____ she enough time, she could help them.

① If   ② Had
③ If had   ④ Had if
⑤ Had have

11 주어진 두 문장이 같은 뜻일 때 빈칸에 적절한 것은? (답 1개 이상 가능)

> If it were not for her advice, I couldn't get over it.
> → _____ her advice, I couldn't get over it.

① But for   ② Without
③ As if   ④ Were it not for
⑤ I wish

12 주어진 문장의 밑줄 친 부분에서 괄호 안 If를 생략할 때 적절한 것은?

> (If) I were a famous singer, I would earn a lot of money.

① I were a famous singer
② Were I a famous singer
③ I a famous singer were
④ I am a famous singer
⑤ I was a famous singer

13 주어진 두 문장의 뜻이 같도록 빈칸에 들어갈 말로 짝지어진 것은?

> I was sick, so I didn't play tennis with them.
> = If I _____ sick, I _____ tennis with them.

① were − will play
② had been − might play
③ have been − would played
④ had not been − might have played
⑤ had not been − might have play

14 주어진 세 문장이 같은 뜻일 때 빈칸에 들어갈 말로 짝지어진 것은?

> If she _____ here now, I could propose to her.
> = As she _____ here now, I can't propose to her.
> = She is not here now, _____ I can't propose to her.

① were − is not − so
② was − is − so
③ were − is − so
④ were − is not − or
⑤ was− is not − or

15 주어진 문장 중 어법상 <u>틀린</u> 것은?

① If I had known your phone number, I would have called you.
② Was my nose a little smaller, I'd be more pretty.
③ He talks as if he could answer all the question.
④ Without the guide, they would be lost in the big city.
⑤ If she hadn't helped me then, I shouldn't be well off now.

16 주어진 두 문장의 의미가 서로 <u>다른</u> 것은?

① Sarah looks as if she were sick.
= In fact, Sarah is not sick.
② I wish I were smart.
= I'm sorry I'm not smart.
③ It is time we resolved the problem.
= It is time that we should resolve the problem.
④ But for the key, he couldn't open the car.
= He could open the car without the key.
⑤ He said as if he had wanted to go there.
= In fact, he didn't want to go there.

17 주어진 문장의 빈칸에 들어갈 말로 적절한 것은?

She talked as if she had _____ the answer.

① knew
② known
③ know
④ knows
⑤ been knew

18 주어진 문장의 밑줄 친 부분과 바꿔 쓸 수 있는 것은?
(답 1개 이상 가능)

<u>Were it not for</u> my credit card, I couldn't pay for it now.

① With
② Without
③ But with
④ If it were not for
⑤ But for

19 주어진 두 문장을 하나의 문장으로 만들 때 적절한 것은?

The tall man looks strong. In fact, he is not strong.

① The tall man looks as if he isn't strong.
② The tall man looks as if he were strong.
③ The tall man looks as if he weren't strong.
④ The tall man looks as if he had been strong.
⑤ The tall man looks as if he has been strong.

20 주어진 대화의 밑줄 친 부분과 같은 의미의 문장은?

A : Why didn't you dance with her?
B : <u>I wanted to dance with her. But I broke my leg playing football.</u> So I couldn't go to the party.

① If I broke my leg playing football, I would dance with her.
② If I would break my leg playing football, I could dance with her.
③ If I had broken my leg playing football, I will have danced with her.
④ If I didn't break my leg playing football, I could have danced with her.
⑤ If I hadn't broken my leg playing football, I would have danced with her.

서술형 주관식 문제

1 주어진 두 문장이 같은 뜻이 되도록 빈칸에 들어
갈 말을 쓰시오.

If Charlie had done his best, he could
have won the game.

= _____ Charlie _____ do

his best, he _____ win the game.

[2~3] 우리말을 주어진 지시 사항에 따라 영작하
시오.

사전이 없었다면, 나는 이 책을 이해하지 못했
을 것이다.

2. without을 사용한 문장으로 쓰시오.

→ _____, I could

not have understood this book.

3. if를 생략한 문장으로 쓰시오.

→ _____, I

could not have understood this book.

[4~5] 주어진 우리말에 맞게 빈칸에 들어갈 적절한
말을 쓰시오.

4. 이 우산이 없었더라면, 나는 어제 감기에 걸
렸을 것이다.

_____ this umbrella, I

_____ _____ caught a

cold yesterday.

5. 네가 힘이 세다면, 내가 이 상자 운반하는 것
을 도와줄 수 있을 텐데.

_____ _____ _____,

you could help me carry this box.

수능
절대 문항
맛보기

정답 및 해설 P. 032

01 다음 글에서 밑줄 친 부분 중, 어법상 틀린 것은?

The meaning of silence ① <u>can vary</u> from culture to culture. For example, Americans ② <u>often view</u> silence as negative. ③ <u>At business meeting,</u> participants frequently force themselves to speak. They fear that being silent will make it appear as if ④ <u>they have</u> nothing to say. On a personal level, silence ⑤ <u>is often interpreted</u> as a sign that things are not going well.

02 다음 글의 밑줄 친 부분 중 어법상 틀린 것은?

As the ship ① <u>was about to</u> leave, the first man heard a voice from heaven, "Why are you leaving your companion on the island?" The first man answered, "My blessings ② <u>are mine alone,</u> since I was the one ③ <u>who prayed</u> for them. He doesn't deserve anything because his prayers were all unanswered." "You ④ <u>are mistaken</u>!" the voice rebuked him. "If it had not been for his prayer, you ⑤ <u>would not receive</u> any of my blessings. He prayed that all your prayers be answered."

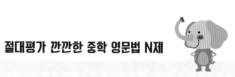

Chapter 08

일치와 화법

시제 일치와 예외

주절 시제	종속절 시제
현재	현재, 과거, 미래, 현재완료, 과거완료 모두 가능
과거	과거 또는 과거완료
시제 일치 예외	현재의 습관이나 사실 : 항상 현재 불변의 진리, 속담, 격언 : 항상 현재 역사적 사실 : 항상 과거 시간이나 조건을 나타내는 부사절 : 현재 시제로 미래 시제를 표현

Water **boils** at 100 degrees Celsius. 물은 100도에서 끓는다.

Columbus **arrived** at the American Continent in 1492. 콜럼버스는 1492년에 미국 대륙에 도착했다.

I will go with him if he **comes** here. 그가 여기에 온다면 나는 그와 함께 갈 것이다.

A 주어진 문장의 괄호 안에서 어법상 맞는 것을 고르시오.

1. The early bird (catches, caught) the worm.

2. When the bell (rings, will ring), we will enter the hall.

3. My teacher said that Canberra (is, was) the capital of Australia.

4. When he (graduates, will graduate), he will go to Paris and study there.

5. I was very proud that King Sejong and his scholars (invented, had invented) Hangeul in 1443.

B 주어진 문장의 어법상 **틀린** 것을 찾아 고쳐 쓰시오.

1. I know that you had lived in Canada 2010.

2. Many students didn't know that the Korean War had broken out in 1950.

3. The sun came up in the east and went down in the west.

4. My brother will go to school by bus every morning.

5. If it will rain tomorrow, we will take a break instead of going hiking.

수의 일치

단수 취급	each, every, -thing, -one, -body 시간, 거리, 가격, 무게 등의 단위 동명사가 이끄는 어구나 절 학문명, 국가명 등 a number of + 복수 명사(~수)	
복수 취급	the + 형용사 : '~한 사람들' a number of + 복수명사 : '많은'	
뒤에 나오는 명사에 따라 변동	all[most, half, some, 분수] + of + 단수 명사 → 단수 동사 all[most, half, some, 분수] + of + 복수 명사 → 복수 동사	
상관접속사 수의 일치	both A and B (A와 B 둘 다)	복수 취급
	either A or B (A 또는 B) neither A nor B (A와 B 둘 다 아닌) not only A but also B (A뿐만 아니라 B도)	B에 일치
	A as well as B (B뿐만 아니라 A도)	A에 일치

A 주어진 문장의 괄호 안에서 어법상 맞는 것을 고르시오.

1. The rich in this country (try, tries) to give more donations.
2. Half of the students (is, are) spending their free time surfing the Internet.
3. Mathematics (is, are) my favorite subject.
4. Parents as well as James (know, knows) that Jenny is a genius.
5. The number of workers in my city (is, are) about one thousand.

B 주어진 문장의 어법상 틀린 것을 찾아 고쳐 쓰시오.

1. A number of planes was delayed due to the heavy rain.
2. Not only my sister but also my brothers is going to do it.
3. All water in the lake have gone.
4. Neither you nor I are responsible for the accident.
5. Every light in the apartment have been turned on.

화법

평서문	1. 전달동사 전환 : say → say / say to → tell, ask, advise 등 2. 인용부호(" ") 전환 : that절 (that은 생략 가능) 3. 동사의 시제 : 전달동사의 시제에 일치 　 전달동사가 과거일 때 that절의 시제가 현재 → 과거 / 과거 → 과거(과거완료)로 　 바꾼다. 4. that절의 인칭대명사, 부사어, 동사 전환 : 　 here → there / this → that / now → then 　 today → that day / yesterday → the previous day 　 tomorrow → the following day / come → go 등
의문문	1. 전달동사 전환 : say to → ask 2. 인용부호 전환 : 의문사 없는 의문문 → if절이나 whether절 　　　　　　　　　 의문사 있는 의문문 → '의문사 + 주어 + 동사' 3. 시제, 인칭, 부사구 등은 평서문과 동일하게 바꾼다.
명령문	1. 전달동사 전환 : say to → tell(order, advise, ask 등) 2. 인용부호 전환 : 목적어 + to부정사 3. 시제, 인칭, 부사구 등은 평서문과 동일하게 바꾼다.

A 주어진 문장을 직접화법으로 바꾸어 쓸 때 빈칸에 들어갈 것을 쓰시오.

1. He said, "I saw Jenny yesterday."

   → He said that he _____ Jenny the _____ day.

2. Tommy said to Tina, "Do you know the answer?"

   → Tommy asked Tina _____ the answer.

3. James said to her, "I will meet your father tomorrow."

   → James told her that he _____ meet _____ father _____ day.

4. Juliet's teacher said to Lopez, "Don't be late again."

   → Juliet's teacher _____ Lopez _____ again.

5. Mother said to me, "What did you buy yesterday?"

   → Mother _____ me what I _____ the previous day.

B 주어진 문장을 직접화법은 간접화법으로, 간접화법은 직접화법으로 고쳐 쓰시오.

1. He said to me, "Have you ever heard the story?"

   → _____

2. She said to me, "I left my wallet on the bus today."

   → _____

3. Rodriguez said to me, "Try to do your best."

   → _____

4. She asked him if she might use his cell phone.

   → _____

5. The janitor said to us, "Don't run up the stairs."

   → _____

절대 내신 문제

※ 정답 및 해설 p.033~035

[1~4] 주어진 문장의 빈칸에 들어갈 말로 알맞은 것을 고르시오.

01

> Julie said that she _____ sick.

① feels
② feel
③ is feeling
④ was feeling
⑤ has been feeling

02

> It's not me but Sarah who _____ rude.

① am
② is
③ are
④ were
⑤ have

03

> My teacher said that light _____ faster than sound.

① travels
② is traveling
③ traveled
④ was traveling
⑤ had traveled

04

> She asked the boy _____ he could speak Spanish.

① that
② if
③ what
④ while
⑤ where

05 주어진 문장이 어법상 틀린 것은?

① Nobody is interested in truth.
② One of your apples is rotten.
③ A number of students were absent.
④ Either he or you knows the answer.
⑤ I told her that I always go fishing on weekends.

06 주어진 빈칸에 들어갈 말이 알맞게 짝지어진 것은?

> Every student _____ a cellphone.
> Making new friends _____ not easy.
> Ten miles _____ a long way to walk.

① has − are − is
② has − are − are
③ has − is − is
④ have − are − is
⑤ have − are − are

07 주어진 대화의 밑줄 친 부분에 들어갈 말로 알맞은 것은?

> A : How did you meet your husband?
> B : I remember I _____ him at a party.

① meet
② will meet
③ have met
④ had met
⑤ am meeting

08 주어진 문장의 빈칸에 들어갈 말로 알맞은 것은?

> The young _____.

① has to push himself to do his best
② have to push himself to do his best
③ has to push themselves to do his best
④ have to push themselves to do his best
⑤ have to push themselves to do their best

09 주어진 문장의 빈칸에 들어갈 말이 알맞게 짝지어진 것은?

> Part of the work _____ done.
> Half of the flowers _____ withered.
> The number of crimes in this region _____ increasing rapidly.

① was − is − are
② was − are − are
③ was − are − is
④ were − are − is
⑤ were − is − are

10 주어진 문장에서 어법상 틀린 부분을 바르게 고친 학생은?

> Keeping friends are more important than making new friends.

① 서희 : Keeping → To keep
② 준호 : are → is
③ 애리 : more → many
④ 승수 : than → as
⑤ 희진 : making → make

11 주어진 두 문장의 뜻이 같도록 빈칸에 들어갈 적절한 것은?

> She said to me, "I will help you tomorrow."
> = She told me that she _____.

① will help you tomorrow
② helped you the next day
③ helped me the next day
④ would help me tomorrow
⑤ would help me the next day

12 주어진 문장을 간접화법으로 바르게 고쳐 쓴 것은?

> He said, "I met her four days ago."

① He said that I met her four days ago.
② He said that I had met her four days ago.
③ He said that he met her four days before.
④ He said that he had met her four days before.
⑤ He told that he had met her four days before.

[13~14] 주어진 문장을 간접화법으로 고쳐 쓸 때 어법상 틀린 부분을 고르시오.

13

> Cathy said to Thomas, "I don't understand you."
> → Cathy ① told Thomas ② that ③ she ④ don't understand ⑤ him.

14

> She said to me, "I came here to see you."
> → She ① told me that ② she ③ had come ④ here to see ⑤ me.

15 주어진 문장의 전환이 바르지 않은 것은?

① He said to me, "What do you want to have?"
  → He asked me what I wanted to have.
② I said, "Is she coming to the meeting?"
  → I asked that she was coming to the meeting.
③ Tom said to me, "I'll call you tomorrow."
  → Tom told me that he would call me the next day.
④ My father said to me, "I'm proud of you."
  → My father told me that he was proud of me.
⑤ Roy said to me, "Will you do me a favor?"
  → Roy asked me if I would do him a favor.

16 주어진 엄마의 말을 간접화법으로 고쳐 쓸 때 빈칸에 알맞은 것은?

> Mom: John, don't run in public places.
> → My mom told me _____ run in public places.

① to not   ② don't
③ not to   ④ not do
⑤ never

17 주어진 문장을 직접화법으로 바르게 고쳐 쓴 것은?

> I asked Tim who had written the letter.

① I said to Tim, "Who wrote the letter?"
② I told to Tim, "Who writes the letter?"
③ I said to Tim, "Who write the letter?"
④ I told to Tim, "Who wrote the letter?"
⑤ I said to Tim, "Who had written the letter?"

18 주어진 문장의 빈칸에 들어갈 동사가 복수인 것은?

① My glasses _____ broken.
② My family _____ a big family.
③ What they want _____ freedom.
④ Eight hours of sleep _____ enough.
⑤ One of my friends _____ very smart.

19 주어진 문장의 빈칸에 들어갈 동사가 단수인 것은?

① My trousers _____ worn out.
② Both you and I _____ wrong.
③ My family _____ all very tall.
④ The poor _____ not always unhappy.
⑤ Three fourths of the earth's surface _____ water.

20 주어진 문장 중 어법상 올바른 것은?

① I asked her if she can help me.
② Julie said that she was feeling sad.
③ Jim said that he ran every morning.
④ I learned that knowledge was power.
⑤ The doctor advised me exercise much.

서술형 주관식 문제

[1~2] 우리말과 의미가 같도록 주어진 단어를 사용하여 문장을 완성하시오.

1. She said, "I met Chris yesterday."
→ She told me that
_____.

2. Judy said to me, "I will go there tomorrow."
→ Judy told me that
_____.

[3~5] 우리말과 의미가 같도록 주어진 단어를 사용하여 문장을 완성하시오.

> A passenger: Excuse me. ⓐ Is this the 2:30 bus to Columbus?
> A bus driver: No. I'm afraid you're on the wrong bus. This bus is going to Louisville.
> A passenger: Oh, no! ⓑ Where's the bus to Columbus?
> A bus driver: ⓒ Take it across the street.

3. ⓐ를 간접화법으로 고쳐 쓰시오.
_____

4. ⓑ를 간접화법으로 고쳐 쓰시오.
_____

5. ⓒ를 간접화법으로 고쳐 쓰시오.
_____

수능 절대 문항 맛보기

정답 및 해설 P. 036

01 다음 글에서 밑줄 친 부분 중, 어법상 틀린 것은?

Nightmares ① <u>are experienced</u> by almost everyone. They are long, frightening dreams that appear ② <u>to be</u> very lifelike. Sometimes normal, everyday objects become frightening ③ <u>parts of such dreams</u>. They usually occur during the last several hours of nighttime sleep. They are generally more frequent when ④ <u>a person is</u> under stress and may also occur during traumatic events such as war. Nightmares are much more common during childhood. At least half of all children ⑤ <u>experiences</u> them.

02 다음 글의 밑줄 친 부분 중 어법상 틀린 것은?

The University of Bologna in northern Italy ① <u>is different from</u> most North American universities. One major difference is its age. ② <u>Founded in</u> the tenth century, it is the oldest university in Europe. North American universities, on the other hand, are all relatively new, and students ③ <u>are surrounded by</u> more modern buildings. Another difference is university campus. Unlike the North American university campus, ④ <u>there are</u> no trees or open spaces for students to meet in near this old Italian institution. Therefore, a number of students ⑤ <u>meets</u> on the streets, in cafes, and in the courtyards of the historic buildings.

관계대명사

관계대명사의 두 가지 용법

	제한적(한정적) 용법	계속적 용법
형태	선행사 + 관계대명사	선행사 + 콤마(,) + 관계대명사
역할	선행사 수식	선행사 보충 설명
해석법	관계대명사절을 먼저 해석하여 선행사를 수식	콤마 앞에서부터 차례대로 해석하며 and, but, for, although 등의 접속사로 해석이 가능

Jenny wants to meet a guy **who** is handsome and well-mannered.
Jenny는 잘생기고 매너 좋은 남자를 만나길 원한다.
He is a lawyer, **who** his brother is not. 그는 변호사이지만 그의 동생은 아니다.
= He is a lawyer **but his brother** is not a lawyer.

A 주어진 두 문장이 같은 뜻이 되도록 빈칸에 적절한 것을 쓰시오.

1. I chose this wallet, which was portable and light.

   = I chose this wallet, _____ _____ was portable and light.

2. The person who phoned me last evening is my teacher.

   = The person phoned me last evening _____ _____ is my teacher.

3. He ate bad food, which made him ill.

   = He ate bad food, _____ _____ made him ill.

4. Jenny who I met 2 years ago is my best friend.

   = Jenny is my best friend, _____ _____ met her 2 years ago.

5. I bought some novels, which I read during the weekend.

   = I bought some novels, _____ I read _____ during the weekend.

B 주어진 문장을 진하게 표시된 부분에 유의하여 해석하시오.

1. The man who is standing near the car is my uncle.

2. I met Jeff, who invited me to his birthday party.

3. Batman is a hero who many kids look up to.

4. I bought a book, which was published in 1985.

5. This is the library which I visit every Sunday.

관계대명사 that, what

* that과 what

관계사	선행사	주격	목적격	이끄는 절
that	사람, 사물, 동물, 사람 + 사물[동물]	that	that	형용사절
what	선행사 포함	what	what	명사절

This is best movie **that** I've ever seen. 이것은 내가 이제까지 본 최고의 영화이다.
What is important in life is health. 삶에서 중요한 것은 건강이다.

* what 관련 중요 표현

표현	의미
what one is	(상태의) 인물, (인격적) 인물
what is(are) called = what you(we, they) call	소위, 말하자면
what is worse = to make matters worse	설상가상으로
A is to B what C is to D	A가 B에 대한 관계는 C가 D에 대한 관계와 같다
what is + 비교급	더욱 ～ 한 것은

A 주어진 문장의 빈칸에 들어갈 말을 보기에서 골라 쓰시오.

> **보기** what   that

1. Is there anyone _____ likes this kind of music?
2. I know _____ you did last summer.
3. All _____ I wanted to find out was how long it was going to take.
4. What is the second planet _____ was discovered?
5. _____ I like to do most is to spend time outdoors.

B 주어진 문장의 우리말에 맞게 빈칸에 들어갈 말을 쓰시오.

1. You should judge James not by what he has but by _____.
   너는 James를 재산이 아니라 인격으로 판단해야 한다.

2. Jackson is _____ dancing-machine.
   Jackson은 소위 댄싱머신이라 불린다.

3. _____, Mina got a 10% decrease in her scores.
   설상가상으로 Mina는 점수가 10%나 떨어졌다.

4. Healing _____ the mind _____ exercising _____ the body.
   명상과 정신의 관계는 운동과 신체의 관계와 같다.

5. Junho is handsome, and _____ still _____, very kind.
   Junho는 잘생겼다, 그리고 더욱 좋은 것은, 정말 친절하다는 점이다.

전치사와 관계대명사, 생략

전치사	관계대명사절의 동사에 전치사가 오는 경우 전치사의 위치는 보통 관계대명사 앞에 위치시키는 것이 일반적이다. 때로는 뒤에 그냥 두기도 한다.
	전치사 뒤에 관계대명사 that은 올 수 없다.
생략	목적격 관계대명사(whom, which, that)와 '주격 관계대명사 + be동사'는 생략 가능하다.
	관계대명사 앞에 전치사가 있으면 생략할 수 없다.

A 주어진 문장의 괄호 안에서 어법상 맞는 것을 고르시오.

1. This is the way (in, about) which I solved the problem.

2. I have a few friends talk (of, with) whom I can.

3. The old woman which you are afraid (of, with) is very kind.

4. The hat which is you were (looking, looking for) is on the table.

5. Jennifer applied for the contest (in, at) which I wanted to take part.

B 주어진 문장에서 생략할 수 있는 것을 쓰시오. 생략할 것이 없으면 X를 쓰시오.

1. The gentleman is a doctor whom patients like. _____
   그 신사는 환자들이 좋아하는 의사이다.

2. Planning is the task that I'm in charge of. _____
   계획은 내가 책임지고 있는 작업이다.

3. They gave away free coupons with which I could buy a cup of coffee. _____
   그들은 커피 한 잔을 살 수 있는 공짜 쿠폰을 나누어 주었다.

4. I haven't found my wallet which was stolen at the library. _____
   나는 도서관에서 도둑맞은 지갑을 아직 찾지 못했다.

5. Look at the people who are standing over there. _____
   저 너머에 서 있는 사람들을 봐라.

관계부사

관계부사 : 접속사 + 부사			
의미	선행사	관계부사	같은 뜻의 관계대명사 어구
시간	the time, the day, the year	when	on[at, in] which
장소	the place, the city, the house	where	on[at, in] which
이유	the reason	why	for which
방법	the way	how	in which

Sunday is the day. + I go to church then. 일요일은 내가 교회에 가는 날이다.
= Sunday is the day **when** I go to church.

A 주어진 문장을 같은 의미의 문장으로 바꾸어 쓸 때 빈칸을 채우시오.

1. There is a reason. I hate to do this for that reason.
   = There is a reason _____ I hate to do this.

2. I'm looking for a house in which I can feel comfortable.
   = I'm looking for a house _____ I can feel comfortable.

3. You should remember the day. You got married then.
   = You should remember the day _____ you got married.

4. I don't like the way in which he dresses.
   = I don't like _____ he dresses.

5. Monday is the day on which we are very busy.
   = Monday is the day _____ we are very busy.

B 주어진 문장의 빈칸에 들어갈 말을 보기에서 찾아 쓰시오.

> **보기** when   where   why

1. It is hard to understand the reason _____ he resigned.
2. I don't want to leave the city _____ I live.
3. Now is the time _____ we must fight.
4. We don't know the reason _____ Jenny can't come with us.
5. 1945 is the year _____ the World War II ended.

복합관계사

✱ 복합관계대명사

복합관계대명사	명사절	부사절
whoever	anyone who (~하는 누구나)	no matter who (누가 ~할지라도)
who(m)ever	anyone who(m) (~하는 누구나)	no matter who(m) (누구를 ~할지라도)
whichever	anything that[which] (~하는 어느 것이나)	no matter which (어느 것이[을] ~할지라도)
whatever	anything that[which] (~하는 무엇이나)	no matter what (무엇이[을] ~할지라도)

✱ 복합관계부사

복합관계부사	의미
wherever = no matter where	~하는 어디든 (at any place where)
	어디에 ~하더라도
whenever = no matter when	~할 때마다 (at any time when)
	언제 ~하더라도
however = no matter how	아무리 ~하더라도
	아무리 ~하더라도

A 주어진 우리말에 맞게 빈칸에 들어갈 말을 보기에서 찾아 쓰시오.

> **보기**   who(m)ever   whichever   whatever   whenever

1. I don't care _____ you go to the party with.
   네가 누구와 함께 파티에 가든 나는 관심 없다.

2. You can buy _____ you like.
   너는 네가 좋아하는 것은 뭐든 살 수 있다.

3. I need to talk to _____ can give me advice.
   나에게 어떤 충고를 하는 사람이든 대화할 필요가 있다.

4. _____ you do, I'll always be beside you.
   네가 무엇을 하든, 내가 너의 편이 되어 줄게.

5. _____ I have some free time, I read novels.
   나는 시간이 있을 때마다, 소설을 읽는다.

B 주어진 문장의 밑줄 친 부분과 같은 역할을 하는 것을 보기에서 찾아 그 기호를 쓰시오.

> **보기** ⓐ Jenny invited <u>whomever</u> she met.
> ⓑ <u>Whatever</u> you did before, I trust you.

1. Help yourself to whatever you want. _____

2. Whoever comes first will win the race. _____

3. Whoever phones, tell them I'm out. _____

4. Whichever you may choose, you will be disappointed. _____

5. Choose whichever you want. _____

C 주어진 두 문장이 같은 뜻이 되도록 빈칸에 알맞은 말을 쓰시오.

1. You can sit no matter where you want.

   = You can sit _____ you want.

2. Thomas gets furious at every time when he doesn't get his way.

   = Thomas gets furious _____ he doesn't get his way.

3. No matter how rich people are, they want more.

   = _____ rich people are, they want more.

4. No matter where you go, I will go, too.

   = _____ you go, I will go, too.

5. I'll be here no matter when you need me.

   = I'll be here _____ you need me.

절대 내신 문제

[1~2] 주어진 문장의 빈칸에 들어갈 말로 알맞은 것을 고르시오.

01

> She looks after patients _____ suffer from cancer.

① who   ② whom
③ which   ④ whose
⑤ where

02

> The classmates with _____ I study are very kind.

① which   ② what
③ whom   ④ that
⑤ whose

03 주어진 두 문장이 같은 의미가 되도록 빈칸에 알맞은 것은?

> Do you know why the flight was delayed?
> = Do you know _____ the flight was delayed?

① which   ② in which
③ at which   ④ on which
⑤ for which

04 주어진 우리말을 영작할 때 빈칸에 가장 알맞은 것은?

> 네가 무엇을 하든, 완벽하게 하도록 노력해라.
> _____ you do, try to do it perfectly.

① What   ② Which
③ That   ④ Whatever
⑤ Whichever

05 주어진 문장의 빈칸에 공통으로 들어갈 말은?

> People tend to avoid doing _____ is unfamiliar.
> When I heard _____ you said, I was surprised.

① that   ② which   ③ whom
④ whose   ⑤ what

[6~7] 주어진 문장의 밑줄 친 부분이 어법상 <u>틀린</u> 것을 고르시오.

06

① I remember every guest <u>that</u> visited my house.
② There are four girls in the park, <u>that</u> are all my students.
③ You should not trust people <u>whose</u> concerns are only about money.
④ The house <u>which</u> we moved into is beautiful.
⑤ My brother raises a cat <u>which</u> looks like a lion.

07

① I like <u>the way</u> he dressed up.
② This is the parking lot <u>where</u> only VIP members can use.
③ <u>How</u> she walks really makes me laugh.
④ <u>The reason</u> I'm here is to meet you and apologize.
⑤ <u>The reason why</u> she got angry was not told.

08 주어진 문장의 밑줄 친 부분 중 생략할 수 <u>없는</u> 것은?

① I lost the book <u>that</u> you gave me.
② She is the woman <u>who</u> I'll never forget.
③ The man <u>who is</u> playing the piano is my uncle.
④ The key <u>which</u> you were looking for is in this bag.
⑤ The movie with <u>which</u> I was disappointed was really violent.

09 주어진 문장의 빈칸에 들어갈 말로 알맞은 것은?

> His favorite rock band announced that they would
> retire, _____ made him sad.

① which   ② that   ③ it
④ what   ⑤ who

[10~12] 주어진 두 문장의 의미가 같도록 빈칸에 들어갈
말로 알맞은 것을 고르시오.

10

> I went to the library, where I studied for the
> exam all day.
> → I went to the library, _____ I studied
>   for the exam all day.

① and   ② but   ③ and there
④ but there   ⑤ and where

11

> My hometown where I lived is famous for its
> fresh local seafood.
> → My hometown _____ I lived is
>   famous for its fresh local seafood.

① which
③ for which
⑤ with which
② that
④ in which

12

> Susie didn't answer the phone, which made his
> mother worried.
> → Susie didn't answer the phone _____
>   made her mother worried.

① and
③ and it
⑤ and she
② but
④ but it

13 주어진 두 문장을 의미가 같은 한 문장으로 고쳐 쓸 때
빈칸에 들어갈 말은? (답 1개 이상 가능)

> This is the hotel. + The accident
> happened in this hotel.
> → This is the hotel _____ the accident
>   happened.

① which
③ what
⑤ in which
② where
④ that

14 주어진 문장의 빈칸에 들어갈 말이 나머지 넷과 <u>다른</u>
것은?

① Italy is the country _____ pizza was first
    made.
② This is the perfect house _____ I was looking
    for.
③ This is a deserted house _____ no one lives.
④ We are looking for a place _____ there are no
    many people.
⑤ I remember the house _____ I was born.

15 주어진 문장의 빈칸에 공통으로 들어갈 말은?

> She is the tallest woman _____ I know.
> All _____ I want him to know is that I love
> him very much.

① which
③ that
⑤ whom
② what
④ who

16 주어진 문장의 빈칸에 들어갈 말로 가장 알맞은 것은?

> A lot of stores _____ popular a year ago are
> fading fast.

① that is
③ that are
⑤ what are
② that was
④ that were

17 주어진 두 문장의 뜻이 같도록 빈칸에 알맞은 것은?

No matter what happens, I'll be on your side.
→ _____ happens, I'll be on your side.

① Whichever　　② Whoever
③ Whatever　　④ However
⑤ Whenever

18 주어진 문장의 밑줄 친 부분과 바꿔 쓸 수 있는 것은?

Can you explain the reason she got angry?

① where　　② when
③ why　　④ how
⑤ the way

19 주어진 문장을 고쳐 쓸 때 밑줄 친 단어의 형태로 알맞은 것은?

Do you know the girl who is reading a book over there?
→ Do you know the girl read a book over there?

① reads　　② read
③ to read　　④ is reading
⑤ reading

20 주어진 문장 중 어법상 올바른 것은?

① I don't mind whoever you vote for.
② Whoever win, it isn't important to me.
③ This is the way how I memorize English words.
④ However it may be hard, you must solve the problem.
⑤ Please tell me that you know about your country.

서술형 주관식 문제

1 주어진 두 문장을 같은 의미의 한 문장으로 고쳐 쓰시오.

The theater is always full of many people. We visit the theater every weekend.
→ _____
_____

[2~3] 주어진 문장에서 생략된 부분을 찾아 완전한 문장으로 다시 쓰시오.

2. The player injured during the game was carried to the hospital.
→ _____
_____

3. Exercise helps control our weight by using extra calories we ate.
→ _____
_____

[4~5] 보기와 같이 주어진 두 문장을 한 문장으로 고쳐 쓸 때, 빈칸에 알맞은 말을 쓰시오.

보기 I had to spend ten minutes looking for a place to park. / It made me annoying.
→ I had to spend ten minutes looking for a place to park, which made me annoying.

4. She walked in the rain all day. / It caused her to catch a cold.
→ _____
_____

5. I visited California. / I met an old friend of mine there.
→ _____
_____

수능 절대 문항 맛보기

정답 및 해설 P. 040

01

다음 글에서 밑줄 친 부분 중, 어법상 틀린 것은?

Koi are essentially the same species of fish as carp. They eat almost anything ① <u>what</u> is of animal or vegetable origin small enough to ② <u>be swallowed</u> as they have no teeth. ③ <u>The finest</u> quality of Koi are bred in Japan, where raising Koi is a big business. They ④ <u>are bred</u> specifically for the color and patterns on their backs ⑤ <u>because</u> their backs are the most visible part of their bodies as they swim in their ponds.

02

다음 글의 밑줄 친 부분 중 어법상 틀린 것은?

The Guild Wars' game environments ① <u>are split</u> into three major stages. First, when a team chooses to take on a mission, the team ② <u>is given</u> access to its own map. Teams won't run into other groups on this map. ③ <u>Wherever</u> happens on this map is wholly determined by a team's choices. ④ <u>Although</u> dynamic issues will arise, the environment of the game and the way it's affected ⑤ <u>will be</u> mostly due to a team's choice for the game strategy.

Chapter
10

접속사

상관접속사

접속사	의미	수일치
both A and B	A와 B 둘 다	항상 복수
not A but B	A가 아니라 B	
either A or B	A 또는 B 둘 중 하나	
neither A nor B	A와 B 둘 다 아닌	B에 일치
not only A but also B	A뿐만 아니라 B도	
B as well as A		

A 주어진 문장의 빈칸에 들어갈 적절한 것을 쓰시오.

1. James is neither kind _____ patient.

2. The subject I like is not math _____ history.

3. The new employee is _____ clever, but also hard-working.

4. _____ Jonathan or I have to answer the question.

5. I love him not because he's rich _____ because he's handsome.

B 주어진 문장에서 어법상 틀린 것을 찾아 고쳐 쓰시오.

1. He as well as the fire fighter are in danger.

2. Jenny hates both getting up early in the morning and to go to bed early at night.

3. I will either go for a walk and read a book.

4. Not only the children but also their father are laughing loudly.

5. All the students have both respect or trust toward the teacher.

Fragment 02 명사절을 이끄는 접속사

접속사	의미	역할
that	~하는 것	주어, 보어, 목적어 역할
whether[if]	~인지 아닌지	주어, 보어, 목적어 역할(if는 목적어 역할만 한다.)

I'm not sure **that** we will win the game. 나는 우리가 그 경기에서 이길 것이라고 확신할 수 없다.

Jason asked **if** he could read comic books. Jason은 만화를 읽어도 되는지 물어보았다.

Please see **whether** our guests need anything else. 우리 손님들이 무엇이 필요한지 알아봐 주세요.

A 주어진 문장의 괄호 안에서 알맞은 것을 고르시오.

1. I know (as, that) the coffee grows in Brazil.

2. The question is (that, whether) they can arrive here in time.

3. James already knew (that, whether) I had lost his smart phone.

4. It is impossible (that, whether) your dream will come true.

5. (If, Whether) mother will buy me a new game package is still uncertain.

B 주어진 우리말에 맞게 빈칸에 들어갈 것을 괄호 안의 단어를 이용하여 써 넣으시오.

1. _____ none of us know the solution. (that, the, trouble, is)
   그 문제는 우리 중 누구도 그 해결법을 알지 못한다는 것이다.

2. _____ depends on you. (he, whether, accept, will, or not)
   그가 받아들일지 아닐지는 너에게 달렸다.

3. I hope _____. (that, blame, she, doesn't, me)
   나는 그녀가 나를 비난하지 않기를 바란다.

4. My goal is _____ a great teacher. (be, I, that, will)
   나의 목표는 좋은 선생님이 되는 것이다.

5. I don't know _____. (he, whether[if], his, will, do, best)
   나는 그가 최선을 다할지 안 할지 알 수가 없다.

부사절을 이끄는 접속사

시간	when (~할 때), as (~할 때, ~함에 따라), while (~하는 동안), after (~ 후에), before (~전에), until[till] (~때까지), as soon as (~하자마자)
조건	if (~라면), unless (~이 아니라면), as long as (~하는 한)
이유	because, as, since (~이기 때문에), now that (~이니까)
양보	though, although (~에도 불구하고), even if, even though (비록 ~일지라도)
목적	so that, in order that (~하기 위해서), lest + 주어 + should (~하지 않기 위해서)
결과	so + 형용사 · 부사 + that, such + (형용사) + 명사 + that (너무 ~해서 … 하다)

A 주어진 우리말에 맞게 괄호 안에서 알맞은 것을 고르시오.

1. (When, Though) I apologized to Jenny, she didn't forgive me.
   내가 Jenny에게 사과했음에도 불구하고, 그녀는 나를 용서하지 않았다.

2. (When, So) she saw blood, she drew back in horror.
   그녀가 피를 보았을 때, 공포심에 뒷걸음질 쳤다.

3. You shall have difficulties (if, unless) you are careful.
   조심하지 않으면 너는 어려움을 겪게 될 것이다.

4. I'm saving money (even if, so that) I can buy the T-shirts.
   나는 티셔츠를 사기 위해 돈을 모으고 있다.

5. (If, Although) James doesn't stop wasting his money, he will go broke.
   만일 James가 돈을 아껴 쓰지 않는다면, 그는 파산할 것이다.

B 주어진 우리말에 맞게 괄호 안에 단어들을 재배열하시오.

1. It is going to rain soon, _____ (for, over, aches, my, body, all).
   온몸이 쑤시는 것을 보니, 곧 비가 올 모양이다.

2. Be careful lest you _____ (should, down, the, fall, cliff).
   절벽에서 떨어지지 않도록 주의해라.

3. We have to leave now _____ (it, although, is, snowing).
   눈이 내림에도 불구하고 우리는 지금 떠나야 한다.

4. She was _____ (that, so, funny) we bursted out laughing.
   그녀는 너무도 웃겨서 우리는 웃음을 터뜨렸다.

5. _____ (teenagers, as, we, are), we can't watch this movie.
   청소년이라서 우리는 그 영화를 볼 수가 없다.

절대 내신 문제

[1~2] 주어진 문장의 빈칸에 들어갈 말로 알맞은 것을 고르시오.

01

> The man is not only poor _____ also lazy.

① and   ② so
③ or   ④ but
⑤ if

02

> Helen Keller could neither hear _____ see.

① and   ② so
③ or   ④ but
⑤ nor

[3~4] 주어진 우리말에 맞게 빈칸에 들어갈 적절할 것을 고르시오.

03

> Sarah와 Judy 둘 다 심리학을 전공하고 있다.
> _____ Sarah _____ Judy major in psychology.

① Both—and   ② Not—but
③ All—or   ④ Either—or
⑤ Neither—nor

04

> I want you to know _____ I won't put up with your rudeness any longer.
> 내가 더 이상 너의 무례함을 참지 않을 거란 걸 네가 알았으면 해.

① if   ② whether
③ that   ④ while
⑤ and

05 주어진 문장의 밑줄 친 that의 쓰임이 나머지 넷과 다른 하나는?

① I realized <u>that</u> I had been fooled.
② The fact is <u>that</u> he is a dishonest man.
③ It is necessary <u>that</u> we consider it carefully.
④ I heard <u>that</u> John was hit by a car last night.
⑤ Yesterday, I went to the Japanese restaurant <u>that</u> she had recommended.

06 주어진 문장 중 어법상 올바른 것은?

① I don't know whether she will arrive tonight or not.
② If he joins us or not is very important to me.
③ Make plans in order to you may control yourself.
④ Not only the audience but also the speaker were laughing.
⑤ I'll close the meeting unless you don't have further questions.

07 주어진 문장의 밑줄 친 if의 쓰임이 나머지 넷과 다른 하나는?

① I doubt <u>if</u> his claim is true.
② I asked <u>if</u> she would do it again.
③ I wonder <u>if</u> I could meet him in person.
④ You need not do so <u>if</u> you don't want to.
⑤ I'm not sure <u>if</u> I can ask you this kind of question.

08 주어진 문장의 빈칸에 들어갈 말로 짝지어진 것은?

> I believe that both Peter and Kevin _____ innocent.
> Neither you nor Smith _____ completed the report.

① is — has   ② is — have
③ are — has   ④ are — have
⑤ am — has

09 다음 대화의 내용상 빈칸에 가장 알맞은 단어는?

> A : Do you have any plans for this upcoming holiday?
> B : I think so. _____, I will ride a bike along the river.

① If it is fine
② Unless it is fine
③ If it will be fine
④ Unless it will be fine
⑤ If it is not fine

[10~11] 주어진 문장의 빈칸에 들어갈 말로 알맞은 것을 고르시오.

10

> You have to remain cool _____ you are in trouble.

① until
② although
③ unless
④ as soon as
⑤ as long as

11

> We climbed higher _____ we might get a better view.

① so that
② while
③ unless
④ after
⑤ as soon as

12 주어진 문장의 밑줄 친 부분을 바르게 고쳐 쓴 것은?

> My little brother hid behind a big tree so that I could not find him.

① in order to find him
② not in order to find him
③ in order for me not to find him
④ not in order for me to find him
⑤ in order that I could find him

13 주어진 두 문장의 빈칸에 공통으로 들어갈 말로 짝지어진 것은?

> You're not the only one who does not understand. I don't understand, _____.
> I think he is _____ a genius or a fool.

① too
② either
③ neither
④ also
⑤ so

14 주어진 두 문장과 의미가 같은 한 문장으로 다시 쓸 때 빈칸에 들어갈 말로 짝지어진 것은?

> He doesn't drink. + He doesn't smoke.
> → He _____ drinks _____ smokes.

① not − and
② not − or
③ either − or
④ neither − nor
⑤ neither − but

15 주어진 두 문장의 뜻이 같도록 빈칸에 들어갈 말은?

> I didn't go to the party, and my boyfriend didn't go, either.
> = Neither my boyfriend nor I _____ to the party.

① go
② didn't go
③ went
④ didn't go
⑤ haven't gone

16 주어진 두 문장의 빈칸에 들어갈 말이 알맞게 짝지어진 것은?

> They insisted that they should go out _____ it was heavy rain.
> Thomas was dropped from the team _____ injury.

① though − because
② though − because of
③ in spite of − against
④ because of − because of
⑤ in spite of − because of

17 주어진 두 문장의 의미가 같도록 빈칸에 가장 알맞은 것은?

> He watched lots of comic movies, but he didn't feel better.
>
> = _____, he didn't feel better.

① As he watched lots of comic movies
② When he watched lots of comic movies
③ Unless he watched lots of comic movies
④ Because he watched lots of comic movies
⑤ Although he watched lots of comic movies

18 빈칸에 들어갈 말로 <u>어색한</u> 것은? (답 1개 이상 가능)

> _____ we will be late for our appointment.

① Hurry up, or   ② If we hurry up,
③ Unless we hurry up   ④ If we don't hurry up
⑤ Unless we don't hurry up

19 다음 중 빈칸에 that을 쓰기에 알맞은 것은?

① I'm not sure ____ it is true or not.
② I jog every day ____ I can stay healthy.
③ She never talks to others ____ she is shy.
④ You have probably been told ____ lying is bad.
⑤ He found the way to the museum ____ he lost the map.

20 주어진 두 문장의 뜻이 같도록 할 때 빈칸에 들어갈 말은?

> The movie will appeal to not only children but also adults.
>
> = The movie will appeal to adults _____ children.

① instead of   ② as well as
③ as soon as   ④ in spite of
⑤ because of

서술형 주관식 문제

[1~2] 두 문장의 뜻이 같도록 빈칸에 알맞은 말을 쓰시오.

1. This is too complicated to put together.
   = This is _____ complicated _____ I can't put together.

2. That she lied is not certain.
   = _____ is not certain _____ she lied.

[3~4] 다음 문장을 보기와 같이 고쳐 쓸 때 빈칸에 알맞은 말을 쓰시오.

> 〈보기〉
> Unless you work hard, you will be fired.
> → If you don't work hard, you will be fired.

3. Unless you have a passport, you're not allowed to board.
   → _____,
   you're not allowed to board.

4. I tend to forget things unless I mark them down.
   → I tend to forget things _____
   _____.

5 주어진 두 문장의 의미가 일치하도록 빈칸에 적절한 것을 써 넣으시오.

> I didn't stop playing computer games, and my brother didn't, either.
>
> = _____ I _____ my brother _____ playing computer games.

수능
절대 문항
맛보기

정답 및 해설 P. 044

01 다음 글에서 밑줄 친 부분 중, 어법상 틀린 것은?

There are common myths about eyesight. For instance, some people believe ① <u>because</u> wearing glasses too soon weakens the eyes. But there is no evidence to show ② <u>that</u> the structure of the eyes is changed by wearing glasses at a young age. Wearing the wrong glasses is just as harmful. There is another myth ③ <u>that</u> reading in dim light causes poor eyesight, but that is not true, ④ <u>either</u>. It is true that too little light makes the eyes work harder, ⑤ <u>so</u> they get tired and strained easily.

02 다음 글의 밑줄 친 부분 중 어법상 틀린 것은?

It's hard ① <u>to get</u> close to a wild animal. Some animals might charge you the way a rhinoceros does, and you have to get away. ② <u>Other animals</u>, like the giraffe, run away from you ③ <u>so that fast</u> you barely get a close look at them. Still other animals are so rare that they are hard to find. But you can see all these animals and many more without any difficulty ④ <u>if</u> you go to a zoo. And ⑤ <u>not only</u> that, but the animals in a zoo are safely behind bars or fences so you can watch them all you want.

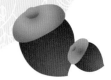

Chapter

11

비교급

중요 원급 비교 표현

표현	의미
as + 형용사 · 부사의 원급 + as	~만큼 …한(하게)
not as(so) + 형용사 · 부사의 원급 + as	~만큼 …하지 못한(못하게)
as + 형용사 · 부사의 원급 + as + possible = as + 형용사 · 부사의 원급 + as + 주어 + can(could)	가능한 ~한(하게)
배수사 + as + 형용사 · 부사의 원급 + as	~배로 …한(하게)
the same A as B	A와 같은 B
as long as	~하는 동안

A 주어진 문장의 빈칸에 들어갈 말을 보기에서 찾아 쓰시오.

> 보기 long   soon   twice   as   same

1. Her new T-shirts is the _____ as mine.

2. I'll wait for you as _____ as you come back.

3. I want to know the results as _____ as possible.

4. The screen size of this cell phone is _____ as big as that one.

5. Jenny decided to read _____ many books as she can.

B 주어진 우리말과 같은 뜻이 되도록 괄호 안의 말을 이용하여 문장을 완성하시오.

1. Daniel is very kind to every woman as _____. (well)
   Daniel은 너에게 하는 것처럼 모든 여자에게 친절하다.

2. This laptop is _____ that one. (thick)
   이 노트북은 그것보다 2배 두껍다.

3. Would you ask him to call me _____? (soon)
   가능한 한 빨리 나에게 전화해 달라고 그에게 부탁해 줄래요?

4. Today's baseball game was _____. (interesting)
   오늘 야구 경기는 지난 경기만큼 재미있었다.

5. The weather is _____ the weather of yesterday. (hot)
   날씨가 어제만큼 덥진 않다.

중요 비교급을 이용한 표현

표현	의미
비교급 + than[more + 원급 + than] less + 원급 + than(= not as[so] ~ as)	~보다 더 …한 ~보다 덜 …한
the + 비교급, the + 비교급	~하면 할수록 더 …한
비교급 + and + 비교급	점점 더 ~한
the + 비교급 + of the two	둘 중에 더 ~한
more + 원급 + than + 원급	~하기보다는 …한
not ~ any longer[more]	더 이상 ~이 아닌

A 주어진 문장의 괄호 안에서 알맞은 것을 고르시오.

1. The more you practice, (better, the better) you will do on the test.

2. These days, (the more, more and more) people visit Jeju island.

3. (Bigger, The bigger) of the two bags looks better.

4. Tylus is (more, the more) stylish than good-looking.

5. I can't wait for you (longer, any longer).

B 주어진 우리말과 같은 뜻이 되도록 괄호 안의 말을 이용하여 문장을 완성하시오.

1. This slice pizza is _____. (big)
   둘 중에 이 조각 피자가 더 크다.

2. These days, the nights are getting _____. (short)
   요즘, 밤의 길이가 점점 짧아지고 있다.

3. I don't want to stay here _____. (long)
   나는 더 이상 여기에 머무르길 원하지 않는다.

4. The more you watch it, _____. (interesting)
   네가 이것을 지켜보면 볼수록, 그것은 더욱 재미있어질 것이다.

5. This scenery is _____. (beautiful)
   이 광경이 그것보다 더 아름답다.

최상급을 이용한 중요 표현

표현	의미
the + 최상급[the most + 원급] + of[in]	~ 중에서 가장 …한
one of the + 최상급 + 복수 명사 + 단수 동사	가장 ~한 것 중의 하나
the + 최상급 + (명사) + that + 주어 + have[has] ever + 과거분사	지금까지 ~한 것 중에서 가장 …한
the + 서수 + 최상급	~번째로 …한

A 주어진 문장의 괄호 안에서 알맞은 것을 고르시오.

1. Who is the best (teacher, teachers) that you've ever learned from?

2. My computer is the (two, second) oldest one in the office.

3. Hummingbirds are (one, the best) of the smallest birds.

4. Tylus is (more creative, the most creative) person that I've ever met.

5. This is (third, the third) tallest building in Seoul.

B 주어진 문장에서 어법상 <u>틀린</u> 것을 찾아 고쳐 쓰시오.

1. James is second strongest man in town.

2. She is the most beautiful girls that I have ever seen before.

3. One of the players in English Premier League is Jisung Park.

4. It is the two longest river in the world.

5. Elizabeth is taller girl in her class.

비교급 · 최상급에서 알아 두어야 할 것

*비교급 강조 부사

'훨씬'의 의미로 비교급을 강조하는 부사에는 much, far, even, still, a lot 등이 있으며, 비교급 바로 앞에 쓴다. 반면, very는 원급을 강조한다.

*than을 쓰지 않는 비교급

라틴어에서 온 단어는 –er 대신 주로 –or을 쓰며 than 대신 to를 쓴다.
superior ~보다 우월한   inferior ~보다 열등한
senior 나이가 더 많은   junior 나이가 더 적은
prior ~보다 더 앞선   prefer ~을 더 좋아하다

*원급, 비교급을 이용한 최상급 표현

	표현	의미
원급	부정주어(No other[Nothing] 등) ~ + as[so] + 원급 + as	어떤 ~도 …만큼 –하지 않다
비교급	비교급 + than + any other + 단수 명사	어떤 ~보다도 …하다
	비교급 + than + all the other + 복수 명사	모든 ~보다도 …하다
	부정주어(No other[Nothing] 등) ~ + 비교급 + than	어떤 ~도 …보다 –하지 않다

A 주어진 문장의 빈칸에 들어갈 말을 보기에서 골라 쓰시오.

> **보기** very   much

1. I found Jenny a _____ cheerful person.
2. A snail is _____ slower than a turtle.
3. My house is _____ farther away than the shopping mall.
4. My son is _____ more active than he was last year.
5. The health is _____ important in my life.

B 주어진 문장의 의미에 맞게 빈칸에 들어갈 말을 채우시오.

1. Smith is the tallest boy in my team.

   = Smith is taller than _____ boy in my team.

   = Smith is taller than all the _____ in my team.

   = No boy in my team is _____ Smith.

   = _____ boy in my team is taller than Smith.

2. Brazil's soccer team is superior _____ our team in FIFA ranking.

3. Time is the most precious.

   = Nothing is _____ time.

   = Time is more precious than _____.

   = Time is more _____ all the other things.

   = _____ is more precious than time.

4. Alice is three years senior _____ Susan.

5. Tylus is the most diligent in the office.

   = _____ in the office is so diligent as Tylus.

   = No employee in the office is _____.

   = Tylus is more diligent than all _____.

[1~2] 주어진 문장의 빈칸에 들어갈 말로 알맞은 것을 고르시오.

01

His answer to the question was _____ than mine.

① better   ② much
③ more   ④ good
⑤ best

02

It was _____ movie I had ever watched.

① good   ② much
③ better   ④ best
⑤ the best

[3~4] 주어진 문장의 빈칸에 들어갈 수 없는 것을 고르시오.

03

I found him _____ heavier than I expected.

① far   ② much
③ a lot   ④ more
⑤ even

04

Some people are _____ than others.

① richer   ② taller
③ smarter   ④ more intelligent
⑤ the most selfish

[5~6] 두 문장의 뜻이 같도록 빈칸에 들어갈 말로 알맞은 것을 고르시오.

05

She likes traveling by train more than by plane.
→ She prefers traveling by train ____ by plane.

① than   ② as   ③ to
④ by   ⑤ for

06

I am not so strong as Roger.
→ I am _____ than Roger.

① stronger   ② less strong
③ less stronger   ④ not strong
⑤ as strong

07 주어진 문장의 빈칸에 들어갈 말로 적절한 것은?

He thinks that any book will do as _____ as it is interesting.

① good   ② long   ③ soon
④ many   ⑤ much

08 주어진 두 문장의 의미가 서로 다른 것은?

① I am not taller than my little brother.
    = I am not as tall as my little brother.
② She likes grapes more than oranges.
    = She prefers grapes to oranges.
③ She is five years younger than me.
    = She is five years senior to me.
④ For me, nothing is as pleasant as holidays.
    = For me, holidays are the most pleasant.
⑤ As I stayed longer, I happened to like this town more.
    = The longer I stayed, the more I happened to like this town.

09 주어진 문장 중 어법상 올바른 것은?

① My bag is heavier than you.
② I have half as many books as you are.
③ He doesn't look as older as he really is.
④ My camera is three times as expensive as yours.
⑤ The man ran out of the house as fast as he can.

[10~11] 주어진 문장에서 어법상 <u>어색한</u> 부분을 찾아 알맞게 고친 학생을 고르시오.

10

> The climate of San Francisco is milder than those of Seattle.

① 찬열: climate → climates
② 백현: is → is as
③ 수호: milder → mildest
④ 우민: than → as
⑤ 루한: those → that

11

> The students found the test was very easier than ever before.

① 나은: was → were   ② 보미: very → much
③ 하니: more → many   ④ 설현: easy → easier
⑤ 혜리: than → to

12 주어진 두 문장의 의미가 같도록 빈칸에 들어갈 적절한 것은?

> Nothing is as good as music to make me feel better.
> → Music is _____ to make me feel better.

① the more   ② most
③ best   ④ the best
⑤ very the best

[13~14] 주어진 두 문장의 의미가 같도록 빈칸에 들어갈 것을 고르시오.

13

> The church is the oldest building in this town.
> → No other building in this town is ____old ____ the church.

① as — to   ② so — than
③ so — as   ④ too — to
⑤ more — than

14

> If you spend little time on playing computer game, your grade will be higher.
> → ____ time you spend on playing computer game, ____ your grades will be.

① The more — the high
② The less — the high
③ The little — the higher
④ The less — the higher
⑤ The less — higher

15 주어진 우리말과 의미가 같도록 빈칸에 적절한 것은?

> 수술에도 불구하고, 그의 건강은 점점 더 나빠졌다.
> In spite of the operation, his health has become _____.

① bad and bad   ② worse and worse
③ worst and worst   ④ worse but worse
⑤ more worse and worse

16 주어진 문장의 빈칸에 들어갈 말로 적절한 것은?

> I tried to solve the problem as _____ as I could.

① quick   ② quicker
③ quickly   ④ more quick
⑤ more quickly

17 주어진 문장 중 어법상 올바른 것은?
   (답 1개 이상 가능)

① It has been very warmer these days.

② No one knows more about it than me.

③ I planned to visit as many places as possible.

④ Manhattan is one of the busiest city in the world.

⑤ The price of Tokyo is much higher than Seoul.

18 주어진 문장 중 의미가 나머지 넷과 다른 것은?

① David sings the best in class.

② David sings better than any other student in class.

③ No other student sings better than David in class.

④ No other student sings so well as David in class.

⑤ Other students can also sing as well as David.

19 주어진 빈칸에 들어갈 말이 바르게 짝지어진 것은?

> It is _____ important to keep studying.
> It is _____ more important to express one's feelings.

① really － much   ② very － really

③ little － a lot   ④ a lot － even

⑤ even － very

20 주어진 두 문장을 한 문장으로 고쳐 쓸 때 빈칸에 적절한 것은?

> My baggage weighs 12kg. Your baggage weighs 4kg.
> → My baggage is _____ yours.

① three times as heavy as

② as three times heavy as

③ as three heavy times as

④ as heavy as three times

⑤ three times as light as

서술형 주관식 문제

1 괄호 안의 단어를 활용하여 빈칸에 알맞은 말을 쓰시오.(단, '비교급+ and + 비교급' 표현을 쓸 것)

→ _____ people are interested in reading classical literature. (few)

[2~3] 주어진 우리말과 일치하도록 괄호 안에 주어진 단어를 사용하여 문장을 완성하시오.

2. 음악은 내 인생에서 가장 중요한 것들 중 하나이다. (important, thing)
   → Music is _____
   _____.

3. 그것은 이제까지 내가 봤던 영화들 중 가장 지루한 영화였다. (boring, movie, watch)
   → That was _____
   _____.

[4~5] 주어진 우리말과 일치하도록 괄호 안에 주어진 단어를 알맞은 순서로 배열하시오.

4. Paul은 우리 반에서 가장 무례한 학생이다.
   (the other / ruder / in our class / all / students / than)
   → Paul is _____
   _____.

5. 누구도 Judy만큼 고집스럽지 않다.
   (more / one / be / can / than / no / stubborn)
   → _____
   _____ Judy.

수능 절대 문항 맛보기

정답 및 해설 P. 048

01

다음 글에서 밑줄 친 부분 중, 어법상 틀린 것은?

My only sister and I are younger than ① <u>any other children</u>. When we were small, my mother ② <u>would often take time off</u> her medical work and ③ <u>take us for a walk</u>. She always had my sister on her right ④ <u>to have</u> better control of a very lively little girl. I walked at her left side, and she ⑤ <u>held my right hand</u>.

02

다음 글의 밑줄 친 부분 중 어법상 틀린 것은?

The Africans have a legend about why the sun shines ① <u>more brightly</u> than the moon. It says that god created the moon and then the sun. At first, the moon was ② <u>the bigger and brighter</u> than the sun, so the sun ③ <u>became jealous</u> and attacked the moon. They fought and wrestled day and night. Then they wrestled again. Finally, the sun threw the moon into the mud, ④ <u>which splashed</u> all over the moon, and it was no longer ⑤ <u>as bright as</u> before.

Chapter

12

특수 구문

Fragment 01 강조

강조 어구	방법	의미
동사	do/does/did + 동사원형	정말
명사	the very + 명사	바로 그
의문사	의문사 + on earth[in the world]	도대체
부정문	부정문 + at all[in the least]	결코, 조금도
그 외	It + be동사 + 강조 어구 + that	~한 것은 바로 …이다

A 주어진 문장을 강조할 때 빈칸에 적절한 것을 보기에서 골라 쓰시오.

> **보기** do, in the world, that, the very, in the least

1. I _____ love my brothers all the time.
2. Who _____ can go back in time?
3. This is _____ book that I want to read.
4. It is Christina _____ I met yesterday.
5. I couldn't answer the question _____.

B 주어진 문장의 밑줄 친 부분을 강조해서 쓰시오.

1. <u>What</u> is the matter with you?

   _____

2. Juliet is the <u>girl</u> of my dreams.

   _____

3. She was talking to <u>Thomas</u> yesterday.

   _____

4. Jenny is <u>not</u> afraid of the darkness.

   _____

5. I <u>think</u> it's a pity.

   _____

도치

도치 어구	방법
부정어 강조를 위한 도치	부정어 + do/does/did + 주어 + 동사원형 부정어 + have[has/had] + 주어 + 과거분사
부사(구) 강조를 위한 도치	부사(구) + 동사 + 주어
목적어 · 보어 강조를 위한 도치	목적어 + 주어 + 동사 / 보어 + 동사 + 주어
동의를 나타내는 위한 도치	so[neither/nor] + 동사 + 주어

A 주어진 문장의 괄호 안에서 적절한 것을 고르시오.

1. Along the shore (were, was) small Chamorro villages.

2. Not a single mistake (I did, did I) find in your composition.

3. Down (the bus went, went the bus) over the cliff.

4. Rarely had (seen he, he seen) such a sunset.

5. Ben can't play the violin. — (Neither, either) can I.

B 주어진 문장의 밑줄 친 부분을 도치를 이용하여 강조하는 문장으로 쓰시오.

1. I <u>never</u> dreamed that James lost the game.

2. He spends <u>his spare time</u> reading comic books.

3. A beautiful old tree stood <u>on the hill</u>.

4. My father knows <u>nothing</u> about my girlfriend.

5. The girl who received the gift was <u>very happy</u>.

부정

형태	부정어구
부분 부정	not(never) + all(very, always, necessarily, entirely, both 등)
전체 부정	no[none, never, neither], not ~ any[either]
준부정	hardly, scarcely, rarely, barely, seldom, few, little

A 주어진 우리말과 의미가 같도록 괄호 안에서 알맞은 것을 고르시오.

1. (Not, No) all the members did their best.
   모든 구성원이 최선을 다한 건 아니다.

2. (No one, Not all) likes to hear his love story.
   누구도 그의 사랑 이야기를 듣고 싶어 하지 않는다.

3. (No, Not) all the snakes are poisonous.
   모든 뱀이 독이 있는 건 아니다.

4. I have (not, never) always experienced good things in life.
   삶에서 항상 좋은 것만 경험하는 것은 아니다.

5. She has (little, never) information on the design.
   그녀는 그 디자인에 대한 정보가 거의 없다.

B 주어진 문장을 진하게 표시된 부분에 유의해서 해석하시오.

1. I don't have any idea about the party.

2. There is little information on the comet.

3. My mom seldom has coffee at night.

4. Not every worker wore their uniforms.

5. None of the students liked the new teacher.

절대 내신 문제

[1~4] 주어진 문장의 밑줄 친 부분을 강조하여 쓸 때 빈칸에 적절한 것을 고르시오.

01

You know, I <u>love</u> sound of Beethoven's pianos.
→ You know, I _____ love sound of
  Beethoven's pianos.

① do   ② does   ③ did
④ very   ⑤ at all

02

That he <u>does not listen</u> to me makes me angry.
→ That he does not listen to me _____
  makes me angry.

① all   ② at all   ③ very
④ at least   ⑤ really

03

She is <u>the girl</u> I have been looking for a long time.
→ She is the _____ girl I have been looking
  for a long time.

① really   ② a lot   ③ very
④ much   ⑤ even

04

I happened to meet Joan at a shopping mall <u>last week</u>.
→ It was last week _____ I happened to meet
Joan at a shopping mall.

① this   ② so that   ③ to
④ for   ⑤ that

05 주어진 문장의 밑줄 친 부분을 강조하는 문장으로 적절한 것은?

<u>Channel 11</u> aired a show about elephants in Africa.

① This was Channel 11 that aired a show about elephants in Africa.
② This is Channel 11 that aired a show about elephants in Africa.
③ It is Channel 11 that aired a show about elephants in Africa.
④ It was Channel 11 that aired a show about elephants in Africa.
⑤ It was Channel 11 that airs a show about elephants in Africa.

[6~8] 주어진 우리말과 일치하도록 빈칸에 들어갈 적절한 것을 고르시오.

06

그는 월요일에는 거의 운동을 하지 않는다.
Seldom _____ on Monday.

① do he works out   ② do he work out
③ does he work out   ④ does he works out
⑤ did he work out

07

두 마을 사이에 넓은 강이 흐른다.
Between the villages _____.

① run a wide river
② runs a wide river
③ to run a wide river
④ running a wide river
⑤ a wide river running

08

> 자신의 현재의 삶에 만족하는 사람은 행복하다.
> _____ who is satisfied
> with his current life.

① Is happy the person
② Happy the person is
③ Happy is the person
④ Is the person happy
⑤ The person happy is

09 주어진 문장의 밑줄 친 do의 쓰임이 나머지 넷과 <u>다른</u> 것은?

① He <u>does</u> play the cello well.
② I <u>do</u> know who the criminal is.
③ They <u>did</u> like traveling in Spain.
④ I <u>do</u> enjoy looking around the mall.
⑤ We <u>do</u> exercise for an hour in the morning.

10 주어진 문장의 밑줄 친 부분의 쓰임이 <u>다른</u> 것은?

① It was Jason <u>that</u> she really loved.
② It was an ID card <u>that</u> he lost last night.
③ It is at 11 o'clock <u>that</u> they start working.
④ It was Chris <u>that</u> called me so late at night.
⑤ It is hard <u>that</u> I wake up early in the morning.

11 주어진 문장의 밑줄 친 부분의 쓰임이 보기와 같은 것은?

> 보기 They <u>do</u> become more balanced people.

① <u>Do</u> you like me?
② How are you <u>doing</u>?
③ You don't like apples, <u>do</u> you?
④ I have to <u>do</u> my homework.
⑤ She <u>did</u> love me in the past.

[12~13] 주어진 우리말과 의미가 같도록 빈칸에 들어갈 적절한 것을 고르시오.

12

> 모든 새로운 기술이 모든 인류에게 좋은 것만은 아니다.
> _____ is good for all of
> humanity.

① All new technology
② New technology seldom
③ None of new technology
④ Not all new technology
⑤ Not new technology

13

> 그 아이디어들 중 독창적인 것이 아무것도 없었다.
> _____ of the ideas was original.

① All   ② None
③ Some   ④ Any
⑤ Little

14 주어진 대화 중 어법상 <u>틀린</u> 것은?

① A: I'm very pleased to hear that.
   B: So am I.
② A: I enjoy traveling around the country.
   B: So does he.
③ A: I was not good at English grammar.
   B: Neither was I.
④ A: I had a wonderful time.
   B: So had I.
⑤ A: I haven't been able to sleep even a wink.
   B: Neither have I.

15 주어진 우리말과 의미가 같도록 빈칸에 들어갈 적절한 것은?

> 내가 생각하기에 당신을 도울 수 있을 것 같은 친구가 한 명 있어요.
> I have a friend _____ help you.

① I think who could
② who I think could
③ who could I think
④ who think I could
⑤ could I think who

16 주어진 문장의 전환이 어법상 **틀린** 것은?

① It was last week that he arrived home.
  → He arrived home last week.
② Do you know the man who is playing basketball?
  → Do you know the man playing basketball?
③ I have never been to France.
  → Never I have been to France.
④ I found an abandoned dog and fed an abandoned dog.
  → I found and fed an abandoned dog.
⑤ To have meals regularly is not easy for me.
  → It is not easy for me to have meals regularly.

17 주어진 문장의 빈칸에 들어갈 말이 알맞게 짝지어진 것은?

> Sam can swim, and so _____ Brian.
> I'm not interested in politics, and _____ is he.
> Kelly goes to school by bus, and so _____ John.

① can − neither − does
② can − so − do
③ can − either − does
④ is − either − do
⑤ is − neither − does

18 주어진 문장 중 어법상 올바른 것은?

① Never have she danced at a party.
② Experience do make you a better man.
③ On the stage does the famous singer stand.
④ His father died on the much day that he was born.
⑤ A man who the doctor thought almost died recovered miraculously.

19 주어진 문장의 밑줄 친 부분과 바꾸어 쓸 수 있는 것은?

> Jenny has been looking forward to summer vacation, and Julie has been looking forward to it, too.

① So is Julie
② so has Julie
③ neither is Julie
④ neither has Julie
⑤ so does Julie

20 주어진 문장 중 어법상 올바른 것은?

> ⓐ Not every comic book is useless.
> ⓑ Seldom does he helps me to do the dishes after meals.
> ⓒ I did meet the world-famous Hollywood actor.

① ⓐ   ② ⓐ, ⓒ
③ ⓑ   ④ ⓑ, ⓒ
⑤ ⓒ

서술형 주관식 문제

1 주어진 대화의 B의 응답과 같은 뜻이 되도록 빈칸에 알맞은 말을 쓰시오.

A: I can't play the piano well.
B: She can't play it, either.

= _____

[2~3] 주어진 문장의 밑줄 친 부분을 보기와 같이 강조 구문으로 고쳐 쓰시오.

〈보기〉

Tony showed me how to handle the machine.

→ It was Tony that showed me how to handle the machine.

2. William Shakespeare wrote Hamlet.

→ _____

_____

3. I happened to see him at the supermarket today.

→ _____

_____

[4~5] 주어진 문장의 밑줄 친 부분을 강조하여 다시 쓰시오.

4. He seldom have coffee at night.

→ _____

_____

5. I have never borrowed from friends.

→ _____

_____

수능 절대 문항 맛보기

정답 및 해설 P. 052

01 다음 글에서 밑줄 친 부분 중, 어법상 틀린 것은?

A certain king was once preparing to ① make war against an enemy, but no one knew who that enemy was. One day, a favoured courtier, ② finding himself alone with the king, ③ ventured to ask against what nation the king was intending to lead them. "Can you keep secret?" ④ inquired the king. "Certainly, your majesty," the man replied. "And ⑤ so I can," said the king.

02 다음 글의 밑줄 친 부분 중 어법상 틀린 것은?

① Nothing a teacher annoys like a plagiarist, and ② few things give a teacher the kind of righteous satisfaction as catching a plagiarist in the act. If a student's writing appears more coherent and thoughtful ③ than anything the student has ever said in class, you're probably ④ dealing with a plagiarist. Take a questionably beautiful sentence from the student's paper, ⑤ and type it into a search engine. Then enjoy the satisfaction of writing a very large "F" at the top of the paper.

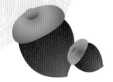

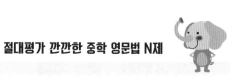

해 설 집

깐깐한 중학영문법

N제

3

저자 Wiz Tool 영어 연구소

깐깐한 중학영문법 N제 3

해설집

랭기지플러스

Chapter 01
동사와 시제

Fragment 01 보어가 될 수 있는 것
p.010

A 1. Time flies like an arrow.
   2. The lecture lasted for two hours.
   3. Yesterday the players played hard on the ground.
   4. Jason came downstairs to answer the phone.
   5. The milk truck always comes at 7 o'clock.

B 1. warmely → warm   2. happily → happy
   3. boringly → boring   4. saltly → salty
   5. silently → silent

A 1. 시간은 화살처럼 간다.
   2. 강의는 2시간 동안 지속됐다.
   3. 어제 그 선수들은 운동장에서 열심히 뛰었다.
   4. Jason은 그 전화를 받으러 아래층으로 갔다.
   5. 그 우유 배달 트럭은 항상 7시에 온다.

B 1. 그 병은 따뜻하게 느껴졌다.
   2. 교실에 있는 아이들이 행복해 보인다.
   3. 그의 역사 수업은 지루했다.
   4. 그 수프는 짜다.
   5. 그는 그 중요한 문제에 침묵을 지켜 왔다.

Fragment 02 목적어가 둘인 동사
p.011

A 1. for 2. of 3. to 4. for 5. to

B 1. Grandma told an old story to me.
   2. The student asked many questions of Mr. Moon.
   3. Mrs. Johnson lent an umbrella to me.
   4. Will you get a ticket for me?
   5. Mr. Smith teaches traditional history to students.

A 1. Ang 선생님은 그녀에게 드레스를 만들어 주었다.
   2. 그는 나에게 개인적인 질문을 하나 했다.
   3. Jenny는 그 문제를 그녀의 선생님에게 말했다.
   4. 나의 아버지는 나에게 새 휴대폰을 사 주셨다.
   5. James는 그의 신분증을 경찰관에게 보여 주었다.

B 1. 할머니는 옛날 이야기를 나에게 들려 주었다.
   2. 그 학생은 문 선생님에게 많은 질문을 했다.
   3. Johnson 부인은 나에게 우산을 하나 빌려 주었다.
   4. 너는 나에게 표를 한 장 주겠니?
   5. Smith 선생님은 학생들에게 전통 역사를 가르친다.

Fragment 03 지각동사, 사역동사의 목적격보어
p.012

   1. rise(rising) 2. remodelled 3. turn 4. played
   5. smile   6. take(taking) 7. melt(melting)
   8. speak   9. run(running) 10. cleaned

   1. 나는 그 풍선이 하늘로 날아가는 것을 보았다.
   2. 나는 2년 전에 나의 집을 개조하게 시켰다.
   3. 그 경비원이 그에게 불을 끄도록 시켰다.
   4. 너는 애국가가 연주되는 것을 들었니?
   5. 나의 아들은 나를 항상 웃게 한다.
   6. 나는 그들이 식당에 들어가는 것을 보았다.
   7. 나는 만년설이 녹는 소리를 들었다.
   8. 선생님은 나에게 큰소리로 말하지 말라고 하셨다.
   9. 나는 교회에서 뛰어다니는 한 아이를 보았다.
   10. 일주일에 한 번 아빠는 창문을 닦도록 시켰다.

Fragment 04 현재완료시제
p.013

   1. have kept 2. did you travel 3. have lived
   4. last year   5. has been   6. have not seen
   7. has stayed 8. came
   9. have just finished 10. have been

   1. 나는 10년 동안 그녀의 사진을 모두 가지고 있다.
   2. 언제 로마에 가 보았습니까?
   3. 거의 30년 동안 우리는 이 작은 도시에 살았다.
   4. 아버지는 지난해 등산을 하지 않으셨다.
   5. Anderson은 사고 후부터 아프다.
   6. 우리는 지난달부터 그 동물을 보지 못했다.
   7. Jenny는 4일 동안 이 절에 묵고 있다.
   8. 엄마가 들어왔을 때 아기는 자고 있었다.
   9. 당신이 주문했던 것을 막 끝냈습니다.
   10. 1학년 때부터 우리는 친구가 되었다.

Fragment 05 과거완료   p.014

1. asked   2. had seen   3. had lost
4. saw. had   5. had already started
6. told   7. had left   8. had been
9. had arrived   10. had already left

1. 나는 그가 브라질을 방문했었는지 물어보았다.
2. 나는 한 번에 그 그림을 알 수 있었다. 왜냐하면 그것을 여러 번 봤었기 때문이다.
3. 나는 여권을 잃어버려서 대사관을 방문해야 했다.
4. 지난달에 나는 Thomas를 보았다. 그 전에는 그를 만나본 적이 없다.
5. 내가 극장에 도착했을 때 그 영화는 이미 시작했다.
6. 누나는 8시에 학교가 시작한다고 나에게 말했다.
7. 그는 스마트폰을 두고 온 것을 알았다.
8. Anderson은 13살까지 비만이었다.
9. 나는 밤이 되기 전에 집에 도착했다.
10. 우리가 역에 도착하였을 때 그 기차는 이미 떠나버렸다.

절대 내신 문제   p.015~017

1. ④   2. ④   3. ⑤   4. ③   5. ②   6. ⑤   7. ②
8. ①   9. ③   10. ②   11. ③   12. ②   13. ①   14. ⑤
15. ⑤   16. ④   17. ④   18. ③   19. ④   20. ④

[서술형 주관식 문제]
1. for me
2. have lost
3. had already begun when we arrived
4. Mr. Kim has lived in Seoul all his life.
5. I had been overweight until I was 13.

1   정답   ④
         일찍 일어나는 새가 벌레를 잡는다.
         해석   ① 그는 영어를 매우 잘한다.
                ② 그녀는 그녀의 자동차를 조심스럽게 다룬다.
                ③ 그 슬픈 이야기가 나를 깊게 감동시켰다.
                ④ 그녀는 전화를 받기 위해 아래층으로 내려왔다.
                ⑤ 나의 아빠는 많은 식물을 키우신다.
         해설   ④는 1형식이고, 나머지는 보기와 같은 3형식 문장이다.

2   정답   ④

해석   나는 그에게 오라고 명령을 했다.
        ① 나는 나의 개를 Nana라고 부른다.
        ② 나는 그 일이 어렵다는 것을 알아챘다.
        ③ 나는 내일 네가 나를 찾아왔으면 좋겠다.
        ④ 당신에게 질문을 해도 될까요?
        ⑤ 나는 그가 우리의 리더가 되기를 원한다.
해설   ④는 4형식 문장이고 ①, ②, ③, ⑤와 보기는 5형식 문장이다.

3   정답   ⑤
         해석   우리 엄마는 피곤하다(피곤해 보인다, 피곤함을 느낀다, 피곤하다).
         해설   think는 3형식 또는 5형식을 만드는 동사이다. 나머지는 모두 형용사를 보어로 취하는 2형식 동사이다.

4   정답   ③
         해석   A: 작년 이맘때 무엇을 하고 있었니?
                B: Vancouver에서 공부하고 있었어.
         해설   과거의 한 시점(작년 이맘때)을 기준으로 진행된 동작은 과거진행형으로 나타낸다.

5   정답   ②
         해석   A: 미나는 어제 언제 집에 갔니?
                B: 다섯 시쯤 집에 갔어.
         해설   과거의 특정 시간이 언급되어 있으므로 과거형으로 나타낸다.

6   정답   ⑤
         해석   나는 그가 음악에 맞춰 춤추는 것을 보았다.
                나는 그 남자에 의해 내 가방이 전달되는 것을 보았다.
         해설   두 문장의 빈칸은 지각동사 see의 목적격보어가 들어갈 자리인데 첫 번째 문장은 능동의 개념이므로 동사원형이나 현재분사가, 두 번째 문장은 수동의 개념이므로 과거분사가 들어가는 것이 적절하다.

7   정답   ②
         해석   ① 나는 일요일마다 개를 씻긴다.
                ② 형은 지금 샤워를 하고 있다.
                ③ 우리 가족은 주로 7시에 아침 식사를 한다.
                ④ 김 박사님은 매년 책 한 권을 쓰신다.
                ⑤ 내 남자 친구는 언제나 나에게 다정하다.
         해설   말하고 있는 시점(right now)을 기점으로 진

행 중인 동작은 현재진행형으로 나타낸다.

8 정답 ①
해석 런던에 가 본 적 있니? – 경험
① 나는 그 영화를 보지 않았다. – 경험
② 우리는 서로를 10년 동안 알고 지낸다.
－ 계속
③ 그들은 1999년부터 이곳에 살고 있다.
－ 계속
④ 나는 이미 점심을 먹었다. – 완료
⑤ 그녀는 새 자전거를 샀다. – 결과
해설 주어진 문장과 ①은 현재완료로 경험을 나타낸다. ②, ③은 계속을, ④는 완료, ⑤는 결과를 나타낸다.

9 정답 ③
해석 그들은 그녀의 아들이 경주에서 우승하기를 기대한다.
해설 expect는 to부정사를 목적격보어로 하는 동사이다.

10 정답 ②
해석 ① 이 향수는 향이 좋다.
② 너는 피곤해 보인다.
③ 그는 나에게 화가 났다.
④ 우유가 상해서 시큼해졌다.
⑤ 그 빵은 좋은 맛이 난다.
해설 2형식에서 주격보어는 부사가 아니라 형용사가 쓰여야 한다.
① well → good
③ angrily → angry
④ sourly → sour
⑤ turned of → turned

11 정답 ③
해석 그녀는 2000년부터(10년 동안, 지난달, 오랫동안, 어제부터) 영어를 가르쳤다.
해설 현재완료시제이므로, 과거를 명확히 나타내는 부사(last)는 들어갈 수 없다.

12 정답 ②
해석 ① 그녀는 새 자동차를 샀다.
② 언제 일본에 갔었니?
③ 나는 한 번도 그를 TV에서 본 적이 없다.
④ 우리는 서로를 10년 동안 알고 지냈다.

⑤ 나는 그녀가 사 준 그 시계를 잃어버렸다.
해설 과거를 묻는 when은 과거시제와 사용되어야 한다.

13 정답 ①
해석 A: 너는 어디서 지내고 있는 중이니?
B: 서울에 살았었다가 가족이 캐나다로 이민 갔어.
해설 과거부터 지금까지 기간을 묻고 있으므로 'have + been + –ing' 형태가 나오며 그에 대한 응답으로 지난 과거까지 서울에 살았었음을 나타내므로 과거완료 'had + p.p.' 형태가 들어가는 것이 적절하다.

14 정답 ⑤
해석 나는 10년 전에 내 차를 사서 아직도 몰고 있다.
해설 과거(10년 전)에 시작된 행동이 지금까지 영향을 미치고 있는 상황이므로 현재완료를 쓴다.

15 정답 ⑤
해석 나는 예전에 록밴드에 가입했었고 지금까지도 하드 록을 즐겨 듣고 있다.
해설 첫 번째 빈칸은 예전까지 록밴드에 가입했었음을 드러내므로 과거완료 'had + p.p.'가 적절하고, 두 번째 빈칸에서는 과거부터 현재까지도 하드 록을 들어 오고 있음을 의미하므로 현재완료진행시제 'have + been + –ing' 형태가 들어가는 것이 적절하다.

16 정답 ④
해석 많은 사람이 어렸을 때 자전거 타는 것을 배우지만 나는 아니었다. 지금 배우고 있는 중인데 매우 재미있다.
해설 일반적인 사실은 현재형으로 나타내고, 말하고 있는 시점을 기준으로 진행되고 있는 일은 현재진행형으로 나타낸다.

17 정답 ④
해설 저녁을 먹은 시점이 더 이상 먹지 않은 시점보다 먼저 일어난 시점이므로 과거완료로 나타낸다.

18 정답 ③
해석 ① 나는 영어를 충분히 배웠다고 생각했었다.

② Jason은 개발도상국 아이들을 도와오고 있다.

③ 내가 그곳에 도착했을 때 콘서트가 이미 시작했었다.

④ Thomas는 이미 숙제를 끝냈다.

⑤ 우리 부모님은 나를 사립학교에 보냈었다.

해설 우리가 도착했을 때 이미 콘서트가 시작되었다는 뜻으로 먼저 일어난 일인 콘서트가 시작되었다는 부분을 대과거(had started)로, 도착했다는 부분은 과거시제(arrived)로 표현해야 한다.

19 정답 ④

해석 ① 선생님은 이미 학교로 떠났다.

② Mina는 지금까지 Boston에 살고 있다.

③ 우리는 9년 동안 영어를 공부해 왔다.

④ 내 남동생은 30분 전에 잠자리에 들었다.

⑤ Daniel은 빨래하는 것을 막 끝냈다.

해설 one hour ago와 같이 과거의 시점을 명확하게 드러내는 어구와 현재완료는 함께 쓸 수 없다.

20 정답 ④

해석 A: 제주도에 산 지 얼마나 됐니?

B: 2013년 1월부터야.

A: 그 전에는 어디에서 살았니?

B: 서울에서 살았어.

A: 그러면, 서울에서는 얼마나 살았는데?

B: 거의 10년 동안 살았어.

해설 말하는 시점을 기준으로 서울에서 산 것은 완료된 동작이므로 과거형으로 나타낸다. 따라서 ④는 Then, how long did you live in Seoul?로 써야 적절하다.

1 정답 for me

해석 그녀는 나에게 옷을 사 주었다.

해설 4형식 문장의 동사 buy를 3형식 문장으로 바꿀 때에는 목적어 앞에 전치사 for을 써야 한다.

2 정답 have lost

해석 A: 실례합니다만, 몇 시인지 말해 줄 수 있습니까?

B: 미안합니다만 그럴 수 없어요. 시계를 잃어버렸어요.

해설 과거에 잃어버린 시계를 현재까지 찾지 못한 상황이므로 현재완료시제로 나타낸다.

3 정답 had already begun when we arrived

해설 연극이 시작된 것이 우리가 도착한 것보다 먼저 일어난 일이므로 과거완료로 쓴다.

4 정답 Mr. Kim has lived in Seoul all his life.

해설 태어난 시점부터 현재에 이르기까지 서울에서 산 것이므로 현재완료로 나타낸다.

5 정답 I had been overweight until I was 13.

해설 과거의 어느 한 시점보다 더 이전에 일어난 일이므로 과거완료시제를 쓴다.

1. ③ 2. ②

1   정답   ③

해석   Ashkelon에서 아주 큰 개 무덤이 고고학자들에 의해서 발견되었다. 그 공동묘지는 기원전 5세기 것인데, 한때 그 지역은 페르시아 왕국의 일부였다. 지금까지 약 1000개의 개 무덤이 그 공동묘지에서 발견되었다. 왜 그렇게 많은 무덤이 있었는지에 대해서는 고고학자들도 확실히 모르고 있다. 그러나 고고학자들은 개가 그 지역 사람들에게 매우 중요했음에 틀림없다고 믿고 있다. 사실 모든 개는 자연사했고 정성 들여 매장되었다. 아마도 이 사람들은 개에게 종교적인 특별한 힘을 부여했던 것 같다.

해설   ③ 주어(about 1000 dog graves)가 복수이고, 수동의 의미이면서 현재완료시제를 써야 하므로 have been found가 되어야 한다.

어휘   archaeologist 고고학자
cemetery 공동묘지
date from ~으로 거슬러 올라가다
so far 지금까지(= until now)

2   정답   ②

해석   Jason은 투자 은행에서 일했다. 오후에 그는 점심으로 똑같은 레스토랑에 가곤 했다. 지난 달의 어느 날 그는 새로운 여종업원을 보았다. 그는 감자 칩을 곁들인 생선 요리를 주문했고, 그녀는 노트에 그의 주문을 적었다. 점심 시간이었기 때문에 레스토랑은 붐볐다. 10분 후에, 여종업원은 접시를 들고 왔다. Jason은 접시를 보았을 때, 그는 그것이 돼지고기 요리인 것을 깨달았다.

해설   ② 과거의 특정 시점(one day last month)을 나타내므로 과거시제(saw)로 써야 한다.

어휘   fish and chips 감자 칩을 곁들인 생선 요리
crowded 붐비는
plate 접시

Chapter 02

부정사

Fragment 01   명사적 용법   p.020~021

A 1. ⓐ   2. ⓓ   3. ⓒ   4. ⓐ   5. ⓓ   6. ⓐ
    7. ⓒ   8. ⓐ   9. ⓑ   10. ⓒ   11. ⓑ   12. ⓒ
    13. ⓒ   14. ⓑ   15. ⓐ

B 1. how to use   2. where to park
    3. what to wear   4. when to feed
    5. which to choose

ⓐ 바다 밑을 달리는 것은 매우 어렵다.
ⓑ 아버지는 최선을 다하는 것이 가장 중요하다고 말씀하셨다.
ⓒ Thomas 씨는 그의 이야기를 귀 기울여 듣는 것을 거부했다.
ⓓ 여행은 우리에게 다양한 세계를 경험하게 해 준다.

1. 누군가의 아이디어를 훔치는 것도 범죄이다.
2. 선생님은 그 일을 하도록 학생들을 격려했다.
3. 나는 그 문을 잠그는 것을 잊어버렸다.
4. 기억해라, 거짓말을 하는 것은 잘못된 것이다.
5. 엄마는 우리가 밤늦게 나가는 것을 허락하지 않았다.
6. 내가 하늘에서 점프하는 것은 불가능하다.
7. 우리는 곧 그들을 만나기를 바란다.
8. 영어를 유창하게 말하는 것은 많은 연습이 요구된다.
9. 다음 단계는 그 책을 주의 깊게 읽는 것이다.
10. 우리는 5시에 시작하는 것에 동의했다.
11. 내 취미는 친구들과 축구를 하는 것이다.
12. 우리 부모님은 대접하기 위해 친구들을 초대하길 좋아한다.
13. 나는 그 고양이가 죽었다는 것을 너에게 말하게 되어 유감이다.
14. 내 목표는 세계적으로 유명한 배우가 되는 것이다.
15. 그 병의 정확한 원인을 발견하는 것은 어렵다.

Fragment 02   형용사, 부사적 용법   p.022~023

A 1. to play with   2. to help her   3. to do
    4. to pick   5. to buy gifts

B 1. ⓐ   2. ⓑ   3. ⓒ   4. ⓐ   5. ⓓ   6. ⓒ
    7. ⓐ   8. ⓓ   9. ⓐ   10. ⓓ

B 1. 시간표를 보기 위해 인터넷을 사용하라.

2. 그는 돈을 약간 잃어버려서 걱정했다.

3. 네가 그것을 기억하다니 영리함에 틀림없다.

4. 나는 요리사가 되기 위해 요리 학교에 들어갔다.

5. 여기서 왼쪽으로 돈다면, 그 빌딩을 발견할 것이다.

6. 그렇게 행동하다니 그는 용감함에 틀림없다.

7. 엄마는 케이크를 만들기 위해서 밀가루 조금과 달걀을 샀다.

8. 내일 그녀를 만난다면, 나는 행복할 것이다.

9. 나는 지도를 얻기 위해서 안내소를 방문했다.

10. 영화의 마지막까지 기다리면 제작진의 이름을 발견할 수 있을 것이다.

Fragment 03 부정사에서 알아 두어야 할 것 p.024~025

A 1. for 2. of
3. not to 4. for
5. him 6. to be punished
7. not to 8. to be protected
9. of 10. to be elected

B 1. to have 2. to have been
3. to be 4. to be

A 1. 우리가 불쌍한 사람들을 돕는 것은 좋은 것이다.
2. Jenny가 이것을 사다니 어리석다.
3. 나는 버스를 놓치지 않게 빠르게 달렸다.
4. James가 그 퍼즐을 푸는 것은 어렵다.
5. 그가 모형 비행기를 만드는 것은 재미있다.
6. 그 소년은 선생님에게 혼나지 않기를 원했다.
7. 그녀는 실패하지 않기 위해 최선을 다했다.
8. 모든 아이들은 그들의 부모에게 보호를 받을 권리가 있다.
9. 너는 다가오는 폭풍우에 대비하다니 현명하다.
10. 그는 한 번 더 대통령에 뽑히고 싶어 한다.

B 1. 그 소년은 큰 문제가 있는 것처럼 보인다.
2. Paul은 모범생이었던 것처럼 보였다.
3. 이 지역에 큰 전쟁이 났던 것처럼 보였다.
4. 그녀는 유명한 작가가 되고 싶어 한다.

Fragment 04 관용적 표현, 독립부정사 p.026~027

A 1. To be frank 2. too 3. so 4. To tell
5. with

B 1. To tell the truth 2. too heavy to
3. To begin with 4. Needless to say
5. Strange to say

C 1. Smith 씨는 너무 가난해서 그 집을 살 수 없다.
2. 우선적으로, 나는 이 디자인을 좋아한다.
3. 새로운 수요에 대처하기 위해 우리는 최선을 다해야만 한다.
4. 설상가상으로, 비가 오기 시작했다.
5. Joan은 그 수업을 이해할 만큼 충분히 똑똑하다.

A 1. 너에게 솔직히 말하자면, 나는 그것을 믿지 않는다.
2. 그 남자는 너무 빨리 달려서 잡을 수가 없다.
3. 말하자면 그녀는 여우처럼 교활하다.
4. 사실대로 말하자면 내가 그를 속였다.
5. 우선, 그것에 대한 모든 정보를 수집하라.

절대 내신 문제 p.028~030

1. ④ 2. ⑤ 3. ⑤ 4. ④ 5. ④ 6. ③ 7. ①
8. ② 9. ⑤ 10. ④ 11. ⑤ 12. ③ 13. ① 14. ③
15. ②, ④ 16. ⑤ 17. ① 18. ② 19. ③ 20. ④

[서술형 주관식 문제]
1. To begin with
2. what to eat
3. to be treated like a child
4. I need a pen to write with
5. how to join

1 정답 ④
해석 그녀와 대화하는 것은 어렵다.
① 그의 목표는 큰 부자가 되는 것이다.
② 나의 바람은 개인적으로 그를 만나는 것이었다.
③ 그는 올해 해외여행을 가기로 결심했다.
④ 서로를 이해하는 것이 필요하다.
⑤ 나는 그녀가 경제학자가 되고 싶어 하는 것을 안다.
해설 주어진 문장과 ④는 주어로 쓰였고, ①, ②는 보어로 ③, ⑤는 목적어로 쓰였다.

2 　정답 　⑤

　해석 　그는 자고 일어나니 유명해져 있었다.

　　① 나는 올라갈 사다리가 필요하다.
　　② 여기에서 멈춰야 할 이유가 없다.
　　③ 우리는 내일 휴가 갈 예정이다.
　　④ 수업 시간에 집중하는 것은 중요하다.
　　⑤ 여기에서 오른쪽으로 돌면, 그 상점을 발견
　　　할 수 있을 것이다.

　해설 　주어진 문장은 결과를 나타내는 부사적 용법
　　이고 ⑤는 조건을 나타내는 부사적 용법이다.
　　①, ②, ③ 형용사적 용법이고 ④는 명사적 용
　　법이다.

3 　정답 　⑤

　해석 　그 제안을 거절하다니 그는 매우 지혜롭구나.

　해설 　kind, wise, patient 등과 같이 사람의 성품을
　　나타내는 형용사가 올 때는 'of + 목적격'으로
　　쓴다.

4 　정답 　④

　해석 　성공하려면, 너는 성실해야 한다.

　해설 　형용사적 용법에서 서술적 용법은 'be동사 +
　　to부정사'로 쓰이며, 예정, 의무, 의도의 뜻으
　　로 해석된다.

5 　정답 　④

　해석 　필기할 수 있는 펜을 하나 주세요.
　　아이들이 함께 놀 수 있는 친구가 많다는 것은
　　좋은 일이다.

　해설 　둘 다 앞에 나온 명사를 수식하는 형용사적 용
　　법의 to부정사가 들어가는 것이 적절하다.

6 　정답 　③

　해석 　그는 그러한 일을 하는 것에 대해 부끄러움을
　　느꼈던 것처럼 보인다.

　해설 　문장의 본동사인 appears는 그대로 써 준다.
　　that절의 시제가 주절의 시제보다 한 시제 앞
　　서므로 'to have + 과거분사'의 형태로 써야
　　한다.

7 　정답 　①

　해석 　엄마께서는 내가 옆집 아주머니께 사과하도록
　　시키다(바라다, 명령하다, 기대하다, 말하다)

　해설 　목적격보어가 to부정사이므로 동사원형을 목

적격보어로 취하는 사역동사 make는 알맞지
않다.

8 　정답 　②

　해설 　tell은 목적격보어 자리에 to부정사를 취한다.
　　to부정사의 부정 표현은 to부정사 앞에 not을
　　쓴다.

9 　정답 　⑤

　해석 　① 열심히 하는 것이 최선의 방법이다.
　　② 그 소식을 듣게 되어 슬프다.
　　③ Clara는 사교적이어서 낯선 사람들에게 말
　　　을 걸 수 있다.
　　④ 그는 프로 농구선수가 되기 위해 매일 연습
　　　한다.
　　⑤ 그는 책임을 감당하기에는 너무 어리다.

　해설 　'too ~ to …'는 '너무 ~해서 …할 수 없다'의
　　뜻으로, 'so ~ that + 주어 + can't'로 바꿔
　　쓸 수 있다.

10 　정답 　④

　해석 　그는 나에게 유용한 정보를 줄 만큼 친절하다
　　(사려 깊다, 멋지다, 중요하다, 우호적이다).

　해설 　사람의 성품을 나타내는 형용사가 올 때 to부
　　정사의 의미상의 주어는 'of + 목적격'으로 쓴
　　다.

11 　정답 　⑤

　해석 　① 솔직히 말하자면, 나는 아기들을 좋아하지
　　　않는다.
　　② 아기가 잠을 많이 자는 것은 자연스러운 것
　　　이다.
　　③ 그는 바보 같은 실수를 저질렀던 것 같다.
　　④ 물이 너무 차가워서 샤워를 할 수 없다.
　　⑤ 나는 너무 무서워서 눈을 뜰 수가 없었다.

　해설 　'so ~ that + 주어 + can't'는 '너무 ~해서
　　…할 수 없다'의 의미이다.

12 　정답 　③

　해석 　여기는 난장판이구나! 네 방은 정리될 필요가
　　있어.

　해설 　방이 '정리되다'는 수동의 의미이므로 to부정사
　　의 수동형인 'to be + 과거분사'가 와야 한다.

13 정답 ①
해석 그는 아침 6시에 일어나는 것을 규칙으로 했다.
해설 가목적어는 대명사 it으로 받는다.

14 정답 ③
해석 너는 답을 알고 있었던 것처럼 보였다.
해설 that절의 시제가 문장의 본동사인 seemed보다 한 시제 앞서므로 완료부정사 형태인 'to have + 과거분사'로 써야 한다.

15 정답 ②, ④
해석 그는 줄을 자르기 위해 가위를 샀다.
해설 '목적'을 나타내는 to부정사의 부사적 용법은 in order to나 so as to로 바꿔 쓸 수 있다.

16 정답 ⑤
해석 ① 내가 다음에 무엇을 해야 하는지 말해 주세요.
② 언제 진실을 말해야 할지 몰랐다.
③ 우선, 그녀는 매우 정직하지 않다.
④ 사실대로 말해서, 나는 그를 사랑한다.
⑤ 나는 그 가구를 들기에 충분히 힘이 세다.
해설 enough to ~ 구문에서 형용사나 부사는 enough 앞에 위치한다.

17 정답 ①
해설 ① 나는 졸업 후에 무엇을 해야 할지 아직 결정하지 못했다.
② 나는 이 TV를 고쳐야 하는지 아닌지 모르겠다.
③ 그의 취미는 친구들과 축구하는 것이다.
④ 나는 나를 도와줄 누군가를 찾지 못했다.
⑤ 인터넷은 우리가 많은 정보를 찾는 것을 가능하게 해 준다.
해설 의문사 what 뒤에 to부정사가 오면 '무엇을 ~하는지'의 의미를 완성한다.

18 정답 ②
해설 동물이 '보호되다'의 수동의 의미이므로 to부정사의 수동형인 'to be + 과거분사'가 와야 한다.

19 정답 ③
해석 그는 정오까지 호텔에서 퇴실해야 한다.

해설 서술적 용법으로 쓰인 「be동사 + to부정사」이며, 이 문장에서는 '의무'의 뜻으로 쓰였다.

20 정답 ④
해석 A: 실례합니다만, 기차에서 읽을 만한 것을 주실 수 있으세요?
B: 물론이죠. 여기 있습니다.
해설 부정사가 something을 수식하는 형용사적 용법이며, 형용사가 올 경우 'something + to부정사' 어순이 된다.

서술형 주관식 문제

1 정답 To begin with
해석 우선 너는 티켓을 예약해야 한다.
해설 first of all은 '우선'이라는 의미로 to begin with로 바꾸어 쓸 수 있다.

2 정답 what to eat
해석 점심에 무엇을 먹을지 모르겠다.
해석 'what + to부정사'를 사용하여 '무엇을 ~해야 하는지'의 의미를 완성한다.

3 정답 to be treated like a child
해설 '~한 취급을 받는'의 의미로 수동의 뜻을 나타내므로 'to be + 과거분사'로 써야 한다.

4 정답 I need a pen to write with
해설 형용사적 용법의 to부정사를 이용하여 문장을 완성한다.

5 정답 how to join
해설 '어떻게 ~해야 할지'의 의미로 'how to 부정사'가 들어가는 것이 적절하다.

1. ③ 2. ③

어휘   the Great Depression 대공황
economy 경제
completely 완전히
terrible 끔찍한, 무서운
million 백만

1   **정답**   ③

     해석   건강한 음식을 먹는 것은 우리를 암에서 보호하도록 도움을 주는 강력한 무기를 갖게 해 준다. 그리고 다른 음식들보다 더 많은 보호를 제공해 주는 어떤 음식들이 있다. World Cancer Research Fund에 따르면, 30~40퍼센트의 암은 우리가 먹는 음식과 체중, 그리고 활동 정도와 직접 관련이 있다. 과일과 채소, 기름기 있는 생선, 밀과 곡류 등이 풍부한 지중해식 음식은 암의 위험을 낮춰 주고, 25퍼센트까지 암의 위험을 감소시킬 수 있다고 입증되었다.

     해설   (A) us를 목적어로 취하는 동사가 와야 한다. help는 그 다음에 to부정사를 목적어로 취할 수 있으나 여기서 to가 생략될 수 있다.

          (B) certain foods와 대조를 이루는 others가 들어가야 한다. the other는 '둘 중의 나머지 하나'를 나타낼 때 쓴다.

          (C) the foods, our weight가 등위접속사 and로 연결되어 병렬 구조를 이루므로, activity levels가 돼야 한다.

     어휘   equip A with B A에게 B를 갖추게 하다
defense 방어
establish 입증하다, 확립하다
Mediterranean 지중해의

2   **정답**   ③

     해석   '검은 목요일'은 많은 미국인이 절대 잊지 못할 날이다. 그것은 대공황의 시작이었던 1929년 10월 24일이었다. 1929년 이전에 미국의 경제는 약 62% 성장했다. 그러나 '검은 목요일'에 모든 것이 변했다. 그날, 미국의 경제는 갑자기 성장을 멈추었다. 사실상, 많은 사업체가 완전히 멈추었다. 미국 역사의 그 후 몇 년이 대공황기라고 불린다. (그때는) 사람들에게 끔찍한 몇 해의 사업 기간이었다. 5천 개의 은행과 8만 5천 개의 사업체가 망했다. 많은 사람이 그들의 돈을 다 잃었다. 약 1200만 명의 미국인들이 그들의 직장을 잃었다.

     해설   ③ 동사 stop이 타동사로 쓰이면 동명사를 목적어로 써야 한다. stop to는 '~하기 위해서 멈추다'는 의미의 부사적 용법이다.

Chapter 03

동명사

Fragment 01 동명사의 역할   p.034

1. c   2. d   3. c   4. d   5. a   6. d   7. a
8. d   9. b   10. a   11. c   12. b

1. 내 목표는 기말시험에서 전부 A 플러스를 받는 거야.
2. 그 가이드는 출발 전에 인원을 점검했다.
3. 내가 가장 좋아하는 것은 컴퓨터 게임을 하는 것이다.
4. 오늘 저녁 식사에 나를 초대해 줘서 고마워.
5. 일찍 일어나는 것은 좋은 습관이다.
6. 무엇보다도 학생들은 책 읽는 것에 관심을 가져야 한다.
7. 보고서를 쓰는 것은 나에게 매우 어렵다.
8. 남동생은 그의 친구들과 노는 것을 좋아한다.
9. 그녀와 함께 점심 먹는 것은 즐거웠니?
10. 심하게 운동하는 것은 너의 건강에 해로울 것이다.
11. 그 스파이의 미션은 새로운 임무를 완수하는 것이다.
12. 나는 모형 인형과 게임 타이틀을 모으는 것을 좋아한다.

Fragment 02 목적어로의 부정사와 동명사   p.035

1. speaking   2. to cancel   3. to leave
4. to sell   5. playing   6. to go
7. to save   8. baking   9. turning
10. to discuss

1. 좀 더 크게 말해 주시겠어요?
2. 우리는 안 좋은 날씨 때문에 그 행사를 취소하기로 결정했다.
3. 그녀는 신혼여행을 발리로 떠나는 것에 동의했다.
4. James는 나에게 그 스마트폰을 팔기로 약속했다.
5. 나는 정말 컴퓨터 게임하는 것을 그만둘 것이다.
6. 그는 유람선 여행을 가고 싶어 한다.
7. 나는 스마트폰을 사기 위해 돈을 모을 계획이다.
8. 우리는 케이크와 쿠키 굽는 것을 좋아한다.
9. 소리 좀 줄여 주시겠습니까?
10. 그는 더 이상 그 질문에 대해 토론하는 것을 거부했다.

Fragment 03 부정사와 동명사의 의미 차이   p.036

A   1. to call   2. meeting   3. to lock   4. to save
     5. having

B   1. to be → being
     2. taking → to take
     3. forgetting → to forget
     4. meeting → to meet
     5. to have → having

A   1. 나는 내일 사장에게 전화할 것을 기억한다.
     2. 우리는 작년에 그녀를 만났던 것을 잊었다.
     3. 나갈 때 그 문 잠그는 것을 잊지 마라.
     4. 만일 네가 백만장자가 되길 원한다면, 너의 모든 돈을 모으도록 노력해야만 한다.
     5. 나는 지난달에 하와이에서 즐거운 시간을 보냈던 것을 기억했다.

B   1. 나는 지난 학기에 너를 돕지 못했던 것을 기억한다.
     2. 쓰레기를 가져가는 것을 잊지 마라.
     3. 나는 선생님이 나에게 말한 것을 잊지 않으려고 노력했다.
     4. Thomas는 다음 주에 Jenny를 만나기로 한 것을 기억하지 못했다.
     5. 나는 너와 함께 좋은 시간 보낸 것을 잊지 않을 것이다.

Fragment 04 동명사에서 알아 두어야 할 것   p.037~038

A   1. for not believing
     2. ashamed of not winning
     3. for not keeping
     4. on never telling
     5. my daughter's losing

B   1. his coming   2. accomplishing
     3. having been   4. having met
     5. having deceived

B   1. 그가 여기에 올 가망은 거의 없다.
     2. 나는 언젠가 나의 목표를 이룰 것이라고 확신한다.
     3. 나는 그때 Jenny에게 잔인하게 대한 것을 후회한다.
     4. James는 전에 그녀를 만났던 것을 부인했다.
     5. 그는 5년 전에 우리를 속였던 것을 후회한다.

A　1. fishing　2. reading　3. standing　4. in
　　5. from

B　1. On seeing
　　2. look forward to hearing
　　3. could not help laughing
　　4. was on the point of catching
　　5. feel like going
　　6. is not worth doing

A　1. 아버지는 바다로 낚시를 하러 갔다.
　　2. Jenny는 조리법을 읽지 않고 요리하는 것을 좋
　　　아한다.
　　3. 그 남자는 밖의 소음을 참는 것에 익숙해졌다.
　　4. James는 그 리포트를 쓰는 데 2시간이 걸렸다.
　　5. 폭우가 우리가 등산하러 가는 것을 방해했다.

절대 내신 문제　　　　　　　　p.041~044

1. ④　2. ②　3. ①　4. ④　5. ②　6. ⑤　7. ①
8. ④　9. ③　10. ②　11. ③　12. ④　13. ⑤　14. ③
15. ④　16. ⑤　17. ③　18. ⑤　19. ④　20. ②

[서술형 주관식 문제]
1. my[me] using your phone
2. being defeated
3. (1) ⓐ 그는 그 나무에 시험 삼아 올라가 보았다.
　　　 ⓑ 그는 그 나무에 올라가기 위해 애썼다.
　 (2) ⓐ 나는 전화를 받기 위해 멈췄다.
　　　 ⓑ 나는 전화 응대를 그만두었다.
4. reading
5. Some kids have a lot of trouble reading and
　 writing.

1　정답　④
　　해석　① 그녀의 직업은 아픈 동물을 치료하는 것이다.
　　　　　② 나는 컴퓨터 게임하는 것을 즐긴다.
　　　　　③ 오늘 저녁 식사에 초대해 주셔서 감사합
　　　　　　니다.
　　　　　④ 규칙적으로 식사하는 것이 건강해지는 데
　　　　　　필수다.
　　　　　⑤ 그녀는 로마로 신혼여행을 떠나는 것에 동
　　　　　　의했다.
　　해설　동명사는 주어, 보어, 목적어 등 명사 역할을
　　　　　하며 동명사 주어는 단수로 취급한다. 따라서

④가 알맞다. to는 전치사로 동명사를 목적어
로 취한다.
① treat → treating[to treat]
② to play → playing
③ invite → inviting
⑤ leaving → to leave

2　정답　②
　　　　　① 그는 쇼핑하러 가기로 결정했다.
　　　　　② James는 전에 그녀를 만났던 것을 부인
　　　　　　했다.
　　　　　③ 나는 그가 그런 대접을 받는 것이 싫다.
　　　　　④ 그는 10년 전에 우리를 속인 것을 후회한다.
　　　　　⑤ 너는 연설하는 연습을 해야 한다.
　　해설　문장의 동사 denied보다 '그녀를 만난 것'이
　　　　　이전에 일어난 일이므로 'having + 과거분사'
　　　　　로 쓰는 것이 알맞다.
　　　　　① going → to go
　　　　　③ he → him
　　　　　④ deceiving → having deceived
　　　　　⑤ to make → making

3　정답　①
　　해설　'(미래에) ~할 것을 잊다'의 의미이므로 to부
　　　　　정사를 써야 한다.

4　정답　④
　　해석　A: 그 게임을 하는 것은 쉽지 않아.
　　　　　B: 맞아, 하지만 너는 몇 번 해 보면 쉽게 배울
　　　　　　수 있어.
　　해설　동명사가 전치사 by의 목적어가 되며, 'by +
　　　　　-ing'는 '~함으로써'의 뜻이 된다.

5　정답　②
　　해석　① 나는 작별인사 없이 갔다.
　　　　　② 산책하는 것이 어떨까요?
　　　　　③ 그녀는 벌을 받을까 봐 두려웠다.
　　　　　④ 우리는 그가 시험에 낙제한 것이 유감스럽다.
　　　　　⑤ Mike는 바깥 소음을 참는 것에 익숙하다.
　　해설　what do you say to ~ing는 '~하는 게 어
　　　　　때?'의 표현이다.

6　정답　⑤
　　해석　나는 한 달에 3권의 책을 읽기를 원한다(결심

했다, 바랐다, 계획했다, 연기했다)

해설 to부정사를 목적어로 받는 동사를 찾는 문제이다. postpone은 동명사를 목적어로 받는 동사이다.

7 정답 ①

해석 나는 내일 그녀를 보기로 한 것을 기억하고 있다.
곧 당신을 뵙기를 기대하고 있다.

해설 첫 번째 문장은 '(미래에) ~할 것을 기억하다'의 의미이므로 to부정사를 써야 한다. 두 번째 문장의 '~을 기대하다'는 'look forward to + -ing'의 형태로 쓴다.

8 정답 ④

해석 그들은 결국 엄마를 설득하는 것을 포기했다.
나는 그녀가 내 파티에 올 거라고 기대했다.

해설 give up은 목적어로 동명사를 취하는 동사이며, expect는 목적격보어로 to부정사를 취하는 동사이다.

9 정답 ③

해설 동명사의 의미상의 주어는 소유격 또는 목적격으로 쓴다. object to -ing는 '~을 반대하다'의 뜻이다.

10 정답 ②

해석 ① 무슨 일이 일어날지 아는 것은 불가능하다.
② 그는 그의 아들이 게으른 것이 부끄럽다.
③ 나는 네가 그 시험에 합격할 것을 확신한다.
④ 그는 그의 형이 무죄라고 주장했다.
⑤ 그들은 그의 용기에 감탄하지 않을 수 없다.

해설 전치사 of 뒤에는 동명사가 와야 하므로 is를 being으로 고쳐야 한다.

11 정답 ③

해석 나는 그가 우리와 함께 가지 못했던 것이 유감스럽다.

해설 동명사의 부정은 동명사 바로 앞에 not이나 never와 같은 부정어를 붙인다.

12 정답 ④

해설 'be accustomed to + -ing'는 '~에 익숙하다'의 뜻이다.

13 정답 ⑤

해석 나는 그와 오늘 밤 외식하고 싶다.
자는 길이를 재는 데 사용된다.

해설 'feel like -ing': ~하고 싶다
'be used to + 동사원형': ~하는 데 사용되다

14 정답 ③

해석 ① 눈이 오기 시작한다.
② 그녀는 인형 사는 것을 좋아했다.
③ 그는 어젯밤 TV를 보고 있었다.
④ 내일 쇼핑 가는 건 어때?
⑤ 유럽으로 여행하는 것은 비용이 너무 많이 든다.

해설 ③은 진행형의 의미를 갖는 현재분사이며, 나머지는 동명사이다.

15 정답 ④

해석 A: 벌써 집에 갈 시간이라니 믿을 수 없어. 파티 정말 즐거웠어.
B: 내 파티에 와 줘서 고마워.
A: 너의 부모님께 안부 인사 전하는 거 기억해 줘.
B: 알았어. 안부 전하는 거 잊지 않을게.
A: 잘 있어.

해설 '(미래에) ~할 것을 잊다'의 의미이므로 to부정사로 써야 한다.

16 정답 ⑤

해석 나는 그것을 기억한다.
Sara로부터 편지를 받았었다.

해설 '편지를 받은 것'이 문장의 동사보다 앞선 시제이므로 완료동명사를 써야 한다. 또한 수동의 의미이므로 having been given이 되어야 한다.

17 정답 ③

해석 그녀는 그녀의 엄마를 자랑스러워한다.
그녀의 엄마는 경찰관이다.

해설 두 문장이 시제가 같으므로 단순동명사를 사용하여 쓴다. 의미상 주어인 her mother는 동명사 앞에 그대로 써 준다.

18 정답 ⑤

해석 A: Sejin아, 너는 무엇을 잘하니?

B: 나는 수영을 잘해. 나는 세계적인 수영 선
수가 되고 싶어.

해설 앞에 빈칸에는 전치사의 목적어가 되는 동명
사가, 뒤에 빈칸에는 want의 목적어로 쓰이는
to부정사가 들어가는 것이 적절하다.

19 정답 ④
해석 ① 나의 어린 아들은 하루에 세 번 양치하는
것에 익숙해져 있다.
② 그녀는 의기소침해져서 울지 않을 수 없었다.
③ 내가 막 떠나려고 할 때, 전화가 울렸다.
④ 그가 오는 것을 보자마자, 나는 일어나서
박수를 쳤다.
그가 오는 것을 볼 때마다, 나는 일어나서
박수를 쳤다.
⑤ 많은 양의 업무로 인해 그는 집에 가지 못
했다.

해설 'on + −ing'는 '~하자마자'의 뜻이고 when-
ever는 '~할 때마다'의 뜻이므로 서로 의미가
다르다.

20 정답 ②
해석 어린아이였을 때부터 그는 책 읽는 것을 좋아
했고, 그는 보통 책을 사는 데 돈을 썼다. 때때
로 책 판매원은 그가 책을 공짜로 빌려 가도
록 해 주었다. 그는 그 책을 빌린 저녁에는 아
침 일찍 책을 돌려 주기 위해 밤새 책을 읽으
며 시간을 보냈던 것을 기억한다.

해설 (A) be fond of + 동명사
(B) allow + 목적어 + to부정사
(C) 「remember + 동명사」: (과거에) ~했던
것을 기억하다

서술형 주관식 문제

1 정답 my[me] using your phone
해설 mind는 동명사를 취하는 동사이다.

2 정답 being defeated
해설 동명사의 동작이 수동의 의미이므로 'being +
과거분사'로 쓴다.

3 정답 (1) ⓐ 그는 그 나무에 시험 삼아 올라가 보
았다.
ⓑ 그는 그 나무에 올라가기 위해 애썼다.
(2) ⓐ 나는 전화를 받기 위해 멈췄다.
ⓑ 나는 전화 받는 것을 그만두었다.

해설 (1) ⓐ 'try + −ing' : '시험 삼아 ~해보다'
ⓑ 'try + to부정사' : '~하기 위해 애쓰다'
(2) ⓐ 'stop + to부정사' : '~하기 위해 멈추다'
ⓑ 'stop + −ing' : '~하는 것을 그만두다'

4 정답 reading
해설 '책을 읽다'라는 의미의 동명사가 들어가는 것
이 적절하다.

5 정답 Some kids have a lot of trouble reading
and writing.
해설 'have trouble (in) + ing'는 '~하는 데에 어
려움을 겪다'의 의미이다.

1. ⑤   2. ①

1   정답   ⑤

해석   구술시험을 잘 치르는 것은 당신이 대학에 들어가는 데에 도움이 될 것이므로 주의 깊게 준비해야 한다. 시험 전에 반드시 당신이 지원하는 학문 분야에 대해서 가능한 한 많이 알아야 한다. 그 전공에 관한 그날의 이슈에 대해서도 잘 알아 두어야 한다. 그에 더하여, 당신이 질문 받을 것으로 예상되는 질문을 몇 가지 생각해 두어야 한다. 자신을 소개하고 당신의 모든 생각을 영어로 분명하게 표현할 수 있어야 한다. 마지막으로 30분 전에 도착하고 옷을 적절하게 입는 것을 잊지 마라.

해설   '앞으로 있을 일을 잊지 마라'는 의미이므로 to부정사를 쓰는 것이 적절하다.

2.   정답   ①

해석   내가 정말로 런던에 갈 수 있을까? 나는 런던에 가는 것은 거의 불가능한 꿈일 것이라고 생각했다. 그런데 어떤 일이 우연히 나의 마음을 바꾸어 놓았다. 나는 런던 방문에 관해, 두 명의 일본 여행객이 쓴 책을 발견했다. 나는 매우 용기를 얻었다. 나는 여러 번 그 책을 처음부터 끝까지 읽었다. 나와 마찬가지로, 이 두 사람도 휠체어를 타야만 움직일 수 있었다. 그러나 그들은 비행기를 타고 영국으로 가서 내가 방문하고 싶은 유명한 장소에 갔다 왔다! 만약 그들이 할 수 있다면, 나도 할 수 있다!

해설   동사 would be의 주어가 될 수 있는 것이 와야 하므로 동명사를 사용해야 한다.

어휘   happen to 우연히 ~하다
from cover to cover 책의 처음부터 끝까지
wheelchair 휠체어

Chapter 04
분사와 분사구문

Fragment 01   현재분사, 과거분사   p.048

1. frightened   2. looking   3. jumping   4. broken
5. wearing   6. detected   7. known   8. locked
9. falling   10. written

Fragment 02   분사구문   p.049~050

A   1. Going to the church
    2. Getting up early
    3. Waving her hand
    4. Pressing this button
    5. Staying in Rome

B   1. Opened → Opening
    2. by → with
    3. Knowing not → Not knowing
    4. Listened → Listening to
    5. Wanting not → Not wanting

C   1. with his sneakers covered
    2. with her arms folded
    3. With spring coming on
    4. with her sleeves rolled up
    5. with his shoes coming off

A   1. 교회에 가다가, 나는 지갑을 주웠다.
    2. 일찍 일어났기 때문에, 나는 졸렸다.
    3. 손을 흔들면서 그녀는 기차에 올랐다.
    4. 너가 이 버튼을 누르면, 표를 받을 것이다.
    5. 로마에 머물렀을 때, 그는 나에게 엽서를 썼다.

B   1. 그 거대한 보물 상자를 열자마자 그는 많은 금을 갖게 되었다.
    2. 그는 개를 뒤에 따르게 한 채 산책을 간다.
    3. 어떻게 할지 몰라서, 나는 아버지에게 조언을 구했다.
    4. 음악을 들으면서 그는 시험공부를 했다.
    5. 그녀가 상처받는 걸 원치 않기 때문에 나는 아무 말도 하지 않았다.

1. Judging from   2. Generally speaking
3. Considering   4. Frankly speaking
5. Considering   6. Judging from
7. Granting that   8. Strictly speaking
9. Considering   10. Strictly speaking

절대 내신 문제   p.052~054

1. ③   2. ②   3. ④   4. ③   5. ③   6. ①   7. ①
8. ②   9. ④   10. ②   11. ①   12. ②   13. ④   14. ④
15. ②   16. ①   17. ④   18. ④   19. ⑤   20. ③

[서술형 주관식 문제]
1. With winter coming on
2. Not (being) able to
3. the last bus had already left
4. was, excited
5. shocked → shocking

1   정답   ③
     해석   우리는 내리는 눈을 바라보았다.
             그들은 동굴에서 숨겨진 보물을 발견했다.
     해설   첫 번째 문장은 명사를 수식하는 능동의 의미
             가 있는 현재분사가 와야 하고, 두 번째 문장
             은 명사를 수식하는 수동의 의미가 있는 과거
             분사가 와야 한다.

2   정답   ②
     해석   나무 옆에 서 있는 그 남자는 Roy이다.
             ① 나는 건강을 위해 커피 마시는 것을 그만두
               었다.
             ② 그 아이는 불 타고 있는 집에서 구조되었
               다.
             ③ 너는 그녀의 편지에 답장하는 걸 미뤄서는
               안 된다.
             ④ 학창 시절에 좋은 친구를 사귀는 것은 정말
               중요하다.
             ⑤ 나의 주말 계획은 양로원에서 봉사 활동을
               하는 것이다.
     해설   보기와 ②의 밑줄 친 부분은 현재분사이고, 나
             머지는 모두 동명사이다.

3   정답   ④
     해석   그는 그 액자가 벽에 걸리도록 했다.
     해설   목적어인 picture frame이 '벽에 걸리는'의 수
             동의 의미이므로 목적격보어로 과거분사가 와
             야 한다.

4   정답   ③
     해석   나는 Kevin이 방에서 피아노를 치고 있는 것
             을 발견했다.
     해설   목적어인 Kevin이 '피아노를 치고 있는'의 진
             행의 의미이므로 목적격보어로 현재분사가 와
             야 한다.

5   정답   ③
     해석   ① 나는 그를 15년 동안 알고 지냈다.
             ② 그 수학 문제들은 매우 헷갈린다.
             ③ 그들은 그 고양이를 수의사에게 치료하도
               록 했다.
             ④ 그녀가 집에 도착했을 때, 집에 아무도 없
               다는 것을 발견했다.
             ⑤ 그가 하는 말을 잘 듣지 못했기 때문에 그
               녀는 그에게 다시 한 번 말해 달라고 부탁
               했다.
     해설   목적어와 목적보어의 관계가 수동의 관계이
             므로 curing을 과거분사인 cured로 고쳐야
             한다.

6   정답   ①
             ① Amy는 매우 지쳐 보였다.
             ② 나는 검은색 모자를 쓴 남자를 보았다.
             ③ 사용 후에는 이 뚜껑을 닫아 주세요.
             ④ 나는 그 일이 다음 주 월요일까지 마무리되
               길 원한다.
             ⑤ 하늘을 바라보며 그녀는 해변에 누워 있다.
     해설   '지친'의 뜻으로 수동의 의미를 나타내므로
             exhausting을 과거분사인 exhausted로 고
             쳐야 한다.

7   정답   ①
     해설   '~하면서'의 동시동작의 의미를 나타낼 때 현
             재분사를 사용하여 나타낼 수 있다.

8   정답   ②
     해석   나는 복잡한 생각으로 혼란스러웠기 때문에

일찍 잠자리에 들 수 없었다.

해설   부사절의 시제가 주절과 같고, 수동의 의미이
므로 Being이 들어가는 것이 적절하다.

9   정답   ④
      해석   Harry는 그의 머리를 노란색으로 염색했다.
나는 그의 노래에 감명 받아서, 눈물을 흘렸다.
      해석   첫 문장은 머리가 '염색된'의 의미이므로 과거
분사가 와야 한다. 두 번째 문장은 '감명 받은'
의 뜻으로 수동의 의미를 나타내므로 과거분
사가 와야 한다.

10   정답   ②
      해석   ① 돈이 없어서 나는 차를 살 수 없다.
② 영화를 보면서 우리는 팝콘을 먹었다.
③ 나는 속이 메스꺼워서 저녁을 먹고 싶지
않다.
④ 그의 선생님에게 꾸중을 듣고 난 후에 그는
의기소침해졌다.
⑤ 그녀는 친절하고 인자해서 모든 이들에게
사랑받는다.
      해설   ②는 동시동작의 의미로 사용되었고, 나머지
는 이유의 의미로 사용되었다.

11   정답   ①
      해석   그의 좋은 목소리로 판단할 때, 그는 매우 인
기가 있을 것이다.
      해설   judging from은 '~로 판단하건대'의 뜻으로,
관용적으로 쓰이는 분사구문이다.

12   정답   ②
      해석   그는 버스를 놓쳤기 때문에 제 시간에 도착할
수 없었다.
      해설   부사절과 주절의 주어가 같을 경우, 접속사와
주어를 생략하고 부사절의 동사를 현재분사로
쓴다.

13   정답   ④
      해석   그녀는 무엇을 해야 할지 몰라서 그에게 조언
을 구했다.
      해설   분사구문의 부정은 not을 분사 구문 앞에 쓴다.

14   정답   ④
      해석   ① 모든 돈을 잃어버려서, 그는 집에 걸어갔다.

② 무슨 말을 해야 할지 몰라서 나는 조용히
앉아 있었다.
③ 매우 추워서 우리는 등산을 갈 수가 없었다.
④ 몇 년 동안 사용되었기 때문에 내 전화기는
매우 오래되어 보인다.
⑤ 솔직히 말하자면, 그는 더 많은 연습이 필
요하다.
      해설   ① 'Because he had lost all his money,
~.'를 분사구문으로 바꾼 것이므로 Hav-
ing lost가 알맞은 형태이다.
② 분사구문의 부정은 not을 분사 앞에 쓴다.
③ 부사절의 주어가 주절과 다르므로 분사 앞
에 주어 it을 써야 한다.
④ 'Because it has been used for a few
years, ~.'를 분사구문으로 바꾼 것으로
부사절의 시제가 주절의 시제보다 앞선
것이다.
⑤ frankly speaking 솔직히 말하면

15   정답   ②
      해설   '(목적어가) ~한 채'로 해석될 때, 「with + 목
적어 + 분사」의 형태로 쓴다. 목적어와 분사의
관계가 수동이므로 과거분사를 쓴다.

16   정답   ①
      해석   James는 나에게 와서 함께 노래하자고 했다.
      해설   연속 동작을 나타내는 분사구문이 되어야 하
므로 asking이 알맞다.

17   정답   ④
      해석   나는 그 의자에 다리를 꼰 채로 앉아 있곤 했다.
      해설   'with + 목적어 + 분사구문'으로, 다리가 '꼬
인'의 의미이므로 수동의 의미가 있는 과거분
사를 쓴다.

18   정답   ④
      해석   나는 어제 그녀의 무례한 행동으로 인해 실망
했기 때문에 더 이상 그녀와 이야기하고 싶지
않다.
      해설   부사절의 시제가 주절의 시제보다 한 시제 앞
서므로 완료형 분사구문 형태로 써야 하며,
'실망한'의 수동의 의미이므로 Having been
disappointed가 알맞다.

19 정답 ⑤
해석 무지개가 뜨자 우리는 환호성을 질렀다.
해설 부사절의 주어와 주절의 주어가 다르므로 분사구문에 주어를 남겨둔 후, 부사구의 동사를 현재분사 형태로 써 준다.

20 정답 ③
해석 ① 나는 이탈리아어로 쓰인 편지를 받았다.
② 나는 Jessica가 무대 위에서 춤추는 것을 보았다.
③ 그녀는 버스에서 지갑을 도둑 맞았다.
④ 안정을 조금 취하면 금방 괜찮아질 거야.
⑤ 나는 그 경기에서 이겼음에도 불구하고 정말로 행복하지는 않았다.
해설 목적어와 목적격보어의 관계가 수동의 의미가 되므로 stealing을 stolen으로 고쳐야 한다.

서술형 주관식 문제

1 정답 With winter coming on
해설 동시에 일어나는 주변 상황을 묘사하고 있으므로 'with + 목적어 + 분사' 형태가 와야 한다.

2 정답 Not (being) able to
해석 당신이 아이디와 패스워드를 외우지 못한다면, 당신은 그것을 메모해 두는 것이 좋습니다.
해설 분사구문의 부정은 분사구문 앞에 not을 쓴다. being은 생략 가능하다.

3 정답 the last bus had already left.
해석 마지막 버스가 이미 떠났기 때문에 우리는 집에 걸어가야만 했다.
해설 의미상 '이유'가 나와야 하므로 접속사 Because를 쓴다. 완료부정사의 형태이므로 부사절은 주절보다 한 시제 앞서 쓴다.

4 정답 was, excited
해석 John: 너 그 경기를 봤니?
Mina: 응, 그것은 매우 흥미진진했어.
Mina는 그 경기를 보고 매우 들떴다.
해설 과거분사 excited는 감정을 느끼는 대상이 주어가 된다.

5 정답 shocked → shocking
해석 그의 갑작스러운 죽음에 대한 뉴스는 모든 사람들에게 충격으로 다가왔다.
해설 뉴스가 '충격을 주는'의 능동의 의미이므로 shocked를 shocking으로 고쳐야 한다.

수능 절대 문항 맛보기   p.055

1. ④ 2. ⑤

1 정답 ④
해석 태양은 인간의 최초의 시계였다. 오래전에 인간은 그것이 하늘을 가로질러 움직일 때의 태양을 봄으로써 낮의 시간을 추측했다. 그때 인간은 낮 동안에 그림자의 길이가 변하고 움직인다는 것을 알았다. 그들은 태양을 보기보다는 그림자를 봄으로써 좀 정확하게 시간을 알 수 있다는 걸 알았다. 이것으로부터 해시계를 발명하는 데 수월한 단계를 내딛었다. 최초의 해시계는 아마도 그림자의 위치를 표시하기 위해 주변에 돌을 놓아두고서 땅에 꽂아 놓은 막대기였을 것이다. 해시계는 수세기 동안 사용되어 왔고, 여전히 오늘날에도 사용되고 있다.
해설 ④ 동시동작을 나타내는 'with + 명사 + 수식어구'의 분사구문에서 수식어구에 분사가 온 형태이다. stone은 '놓이는 것', 즉 수동의 개념이므로 과거분사 placed가 와야 한다.
어휘 guess at ~을 추측하다, 어림짐작하다
accurately 정확하게
sundial 해시계
stick 땅에 꽂다
pole 막대기

2 정답 ⑤
해석 1700년대 영국의 조지 3세(King George III)는 특이한 휴일인 '콩의 날'을 제정했다. 런던 근처의 한 군사 시설 공사 현장을 점검하던 중 그는 어떤 요리 냄새를 맡았다. 그것은 구운 콩과 베이컨이었다. 전에 그러한 음식에 대해 들어본 적이 없었기 때문에, 왕은 앉아서 일꾼들과 함께 그것을 먹었다. 신하들과 이 연회가 너무나 즐거워서 왕은 매년 콩의 날 축하 행사를 제정했다.
해설 (A) 과거의 사실을 나타내고 있으므로 과거시

제로 써야 한다.

(B) 왕이 점심을 먹었던 때보다 더 이전이므로 완료분사 구문이 되어야 하고, 분사구문의 부정은 분사 앞에 부정어를 위치시켜야 하므로 'Not having heard'가 되는 것이 적절하다.

(C) 왕 스스로 앉은 것이므로 자동사 sit의 과거형인 sat가 와야 한다.

어휘   peculiar 독특한, 별난
inspect 점검하다, 검사하다
subject 주제, 과목, 신하
feast 연회, 향연
institute 제정하다
celebration 축하행사, 의식

Chapter 05

수동태

Fragment 01   수동태의 시제   p.058

A   1. accepted   2. remained   3. is collected
     4. be returned   5. has been found

B   1. will → will be
     2. will have → will have been
     3. is resembled by → resembles
     4. obey → be obeyed
     5. is building → is being built

A   1. 나의 제안이 그 회사에 받아들여질 것이다.
     2. 그 강아지들은 그들의 집에 조용히 남아있었다.
     3. 꿀은 벌집에서 채집된다.
     4. 이런 역사화들은 한국으로 돌아올 것이다.
     5. 새로운 혜성이 그 과학자에 의해 지난달부터 관찰되었다.

B   1. 이 기계는 내일 오후에 수리될 것이다.
     2. 그 공사는 내년에 완성될 것이다.
     3. Thomas는 그의 아빠와 닮았다.
     4. 그 법은 국민에 의해 준수되어야 한다.
     5. 그 교회는 마을 사람들에 의해 건축되고 있다.

Fragment 02   4형식 수동태   p.059

A   1. was offered to   2. were asked of
     3. were made for   4. was given to
     5. was bought for

B   1. was bought for   2. was shown to
     3. was made for   4. was asked of
     5. is sent to

A   1. 그 회사는 James에게 좋은 기회를 제공하였다.
     2. 그 변호사는 그에게 몇몇 질문을 했다.
     3. Henry는 나에게 이런 종이 비행기들을 만들어 주었다.
     4. 우리는 졸업 선물로 Amie에게 시계를 주었다.
     5. 부모님은 나에게 선물로 장난감을 사 주셨다.

Fragment 03 5형식 수동태

p.060

A 1. to deliver   2. biting   3. practice
4. cultivating   5. make

B 1. to save the earth   2. to sing   3. flying
4. was allowed to   5. was made to

A 1. 그는 Perez의 집에 그 상자가 배달되도록 했다.
2. 모기가 나를 무는 것을 알아차렸다.
3. 그녀가 대회를 위해서 그 노래를 부르는 것이 보였다.
4. 그 세포가 실험실에서 과학자에 의해 배양되는 것이 관찰되었다.
5. 그 선생님은 학생들에게 그들 스스로 결정하도록 했다.

B 1. 그 캠페인은 지구를 구하도록 사람들을 장려했다.
2. 그들은 David에게 노래를 부르도록 시켰다.
3. 그들은 북쪽으로부터 그 새들이 날아오는 것을 보았다.
4. 어머니는 내 방에서 고양이를 키울 수 있도록 허락했다.
5. 나는 작업자에게 우리 집 지붕을 고치도록 시켰다.

Fragment 04 by 이외의 전치사를 사용하는 수동태

p.061

A 1. with 2. with 3. in 4. at 5. about
B 1. absorbed 2. connected 3. related
4. crowded 5. known

A 1. Mont Blanc 산꼭대기는 구름으로 덮여 있다.
2. 그 맛있는 빵은 레몬 크림으로 가득 차 있다.
3. 나는 그 책의 주인공들에 관심이 있다.
4. 그 코치와 선수들은 그 결과에 실망했다.
5. 사실대로 말해서, 나는 아버지의 건강이 염려스럽다.

B 1. 나의 아들은 만화를 보는 것에 빠져 있다.
2. 우리의 다리 뼈는 엉덩이 뼈에 연결되어 있다.
3. 이 책은 역사와 연관이 있다.
4. 그 쇼핑몰은 사람들로 붐볐다.
5. 그 작가는 마을의 모든 사람에게 알려져 있다.

절대 내신 문제

p.062~064

1. ③   2. ④   3. ⑤   4. ③   5. ②   6. ④   7. ④
8. ⑤   9. ③   10. ② 11. ⑤ 12. ⑤ 13. ⑤ 14. ⑤
15. ②, ④   16. ① 17. ⑤ 18. ④ 19. ④ 20. ③

[서술형 주관식 문제]
1. was behaved → behaved
2. will, be, given, to
3. was seen to practice
4. I worried by → I'm worried about
5. We were made to think about the ethics in business by the news.

1 정답   ③
해석   어젯밤에 교통사고가 발생했다.
사람들은 그가 돈을 훔쳤다고 믿는다.
그는 그의 딸을 항상 행복하게 해 주었다.
나는 수질 오염에 관한 리포트를 작성했다.
그녀는 중국 역사에 관한 방대한 지식을 갖고 있다.
해설   목적어를 갖지 않는 자동사와, 목적어가 있지만 상태를 나타내는 동사는 수동태로 전환할 수 없다. 따라서 첫 번째와 다섯 번째 문장은 수동태로 전환할 수 없다.

2 정답   ④
해석   Amy는 책을 도서관에 반납했다.
해설   목적어인 the book이 주어 자리로 이동하고, 동사 returned는 'be + 과거분사' 형태로 써 준다. 동사의 시제가 과거시제이므로 be동사도 과거시제인 was로 쓴다.

3 정답   ⑤
해석   그녀는 Ann의 집으로 그 상자가 배달되도록 했다.
해설   사역동사가 수동태로 쓰일 때, 목적격보어는 to부정사로 쓴다.

4 정답   ③
해석   이 프로젝트는 다음 주에 끝날 것이다.
해설   미래를 나타내는 부사구가 있고, 프로젝트가 '끝나게 되는'의 수동의 의미이므로 미래시제의 수동태가 와야 한다.

5 정답 ②

① 그녀는 어제 승진했다.

② 나는 내 친구들과 여행을 가도록 허락받았다.

③ 마을 전체가 화산재로 덮여 있다.

④ 우리 가족은 종종 우리 개로 인해 미소 짓게 된다.

⑤ Harry는 우리들에 의해 위원회의 의장으로 선출되었다.

해설 사역동사 have는 수동태로 쓸 수 없고 「be asked to + 동사원형」으로 쓰인다.

6 정답 ④

해석 나는 팝 음악에 빠져 있곤 했다.

나는 우리가 그것에 대해 걱정해야 한다고 생각하지 않는다.

해설 be absorbed in: '~에 푹 빠져 있다'

be worried about: '~에 대해 걱정하다'

7 정답 ④

해석 개들이 전문 조련사에 의해 다양한 방식으로 훈련되고 있다.

이 유명한 영화는 많은 사람에 의해 관람되었다.

해설 첫 번째 문장에는 현재진행 수동태 ('be being + 과거분사')가, 두 번째 문장에는 현재완료 수동태 ('have[has] been + 과거분사')가 들어가는 것이 적절하다.

8 정답 ⑤

be known to: '~에게 알려져 있다'

9 정답 ③

해석 A: 이 사진들은 언제 찍힌 건가요?

B: 그것들은 네가 다섯 살 때 찍힌 거란다.

해설 과거의 일을 나타내고 있고 these photos와 they가 복수이므로 were가 들어가는 것이 알맞다.

10 정답 ②

해석 ① 그녀는 남편을 '여보'라고 부른다.

② 나의 언니는 나에게 멋진 머리핀을 사 주었다.

③ 그는 집이 불에 타고 있는 것을 발견했다.

④ 그녀는 모기가 그녀를 물고 있다는 것을 알아챘다.

⑤ 엄마는 내가 친구들과 나가게 해 주셨다.

해설 동사가 buy인 4형식 문장을 수동태로 바꿀 때 직접목적어가 주어로 오면 간접목적어 앞에 전치사 for를 쓴다.

11 정답 ⑤

해설 조동사가 포함된 수동태의 의문문은 '의문문 + 조동사 + 주어 + be + 과거분사'로 쓴다.

12 정답 ⑤

해석 ① 그 트럭은 눈에 덮여 있다.

② 그녀는 과중한 업무로 인해 매우 피곤했다.

③ 그들은 그 결과에 만족한다.

④ 그 빵은 화이트 크림으로 가득 차 있다.

⑤ 우리는 사형 제도에 반대한다.

해설 be opposed to는 '~에 반대하다'의 뜻이다.

나머지 빈칸에는 모두 with가 들어간다.

13 정답 ⑤

해석 Sam이 그 일을 하게 만들었다(보였다, 들었다, 충고를 들었다)

해설 사역동사(make)나 지각동사(see, hear)는 수동태로 쓸 때 동사원형 앞에 to를 쓴다. 사역동사 have는 수동태로 나타낼 수 없다.

be advised to + 동사원형: ~하라고 충고를 듣다

14 정답 ⑤

해석 엄마는 내가 햄스터를 키우는 것을 허락해 주셨다.

해설 5형식 문장의 목적어가 수동태의 주어가 되며, 'be + 과거분사' 뒤에 목적격보어를 그대로 쓴다.

15 정답 ②, ④

해석 지난밤에 지붕이 태풍 때문에 부서졌나요?

해설 의문문이 없는 수동태이므로 Did를 be동사로 고쳐야 한다. last night이라는 과거부사가 있고 주어가 단수이므로 be동사는 was가 된다. damage는 과거분사인 damaged가 되어야 한다.

16 정답 ①
해석 그는 어젯밤에 심한 교통사고에 연루되었다.
파리는 그 나라의 북부 지방에 위치해 있다.
해설 be involved in: ~에 연루되다
be located in: ~에 위치해 있다

17 정답 ⑤
해석 ① Henry는 그 책을 끝까지 읽도록 시켰다.
② Ally가 자기 방에서 우는 소리가 들렸다.
③ 정 선생님에 의해 우리에게 과학이 가르쳐졌다.
④ Paul은 학교에 있는 모든 사람에게 알려져 있다.
⑤ 최신형 컴퓨터가 수진이를 위해 구매되었다.
해설 4형식 문장을 직접목적어를 주어로 하여 수동태로 나타낼 경우, 간접목적어 앞에는 동사에 따라 전치사를 써 준다. ①~④에는 모두 to를 써야 하고 ⑤에는 for를 써야 한다.

18 정답 ④
해석 ① 우리는 원숭이가 나무에 올라가는 것을 보았다.
② 값비싼 차가 한 젊은 남자에게 팔렸다.
③ 지금 Chris는 그 사장과 면접 중이다.
④ 올해 말까지 많은 돈이 기부될 것이다.
⑤ 많은 야생 동물이 인간의 탐욕으로 인해 포획되어 왔다.
해설 시제가 미래이고 의미상 완료를 나타내야 하므로 'will + have been + 과거분사'로 쓰는 것이 적절하다.

19 정답 ④
해설 5형식의 수동태로 'be + 과거분사'로 쓴 후, to부정사 목적격보어는 그대로 써 준다.

20 정답 ③
해설 의문사와 조동사가 포함된 수동태의 의문문은 '의문사 + 조동사 + 주어 + be동사 + 과거분사'의 형태로 쓴다.

서술형 주관식 문제

1 정답 was behaved → behaved
해석 그 소년은 예의 바르게 행동했기 때문에 모두에게 칭찬을 받았다.
해설 behave는 자동사이므로 수동태로 쓸 수 없다.

2 정답 will, be, given, to
해석 나는 내 여자친구에게 생일 선물을 줄 것이다.
해설 미래시제 수동태는 'will be + 과거분사'로 쓴다. 4형식 문장이 수동태로 전환된 것이므로 간접목적어 앞에 전치사 to를 쓴다.

3 정답 was seen to practice
해설 지각동사가 포함된 5형식 문장의 목적격보어가 원형부정사이면 수동태로 만들 때 to부정사로 고친다.

4 정답 I worried by → I'm worried about
해석 A: 나는 건강 때문에 걱정이야. 가끔씩 어지럽고 무력해져.
B: 안 돼! 의사 선생님을 좀 뵙지 그러니?
해설 '~에 대해서 염려하다'는 표현은 수동태로 써야 하는데 이때 by 대신 전치사 about을 써야 한다.

5 정답 We were made to think about the ethics in business by the news.
해석 그 뉴스는 우리로 하여금 직업 윤리에 대해 생각하게 해 주었다.
해설 사역동사 make가 포함된 5형식 문장을 수동태로 전환할 때 목적격보어인 원형부정사는 to부정사로 바뀐다.

1. ③ 2. ②

1   **정답**   ③

     해석   1960년에 과학자들은 이전에는 전화, 라디오 및 TV로 전송되었던 모든 통합 메시지를 처리할 수 있는 새롭고 환상적인 매체를 발견했다. 이것은 레이저라고 알려졌는데 극도로 협소한 광선으로서 지금까지 알려진 것 중에 가장 날카롭고, 가장 순수하고 가장 강렬한 불빛이다. 레이저는 일반 불빛과는 다르다. 일반 불빛은 '비통일성 불빛'이라고 불리는 파장으로 구성되어 있다. 이것은 파장이 서로 다른 주파수를 가지고 있다는 의미이다. 그것들은 한데 뒤섞여 있고 그 빛의 파장은 사방팔방으로 퍼져나간다. 레이저에 의해 만들어진 빛의 파장은 '통일성'이다.

     해설   '～로 구성되다'의 뜻인 'consist of'는 수동태로 쓸 수 없다.

     어휘   fantastic 환상적인
             carrier 운반체, 매체
             combined 결합된
             formerly 이전에는
             transmit 전송하다
             beam 빛, 광선
             intense 강렬한
             incoherent 접착력이 없는, 통일되지 않은
             frequency 주파수
             jumble (마구) 뒤섞다
             in all direction 사방팔방으로
             wave 파장
             coherent 통일성 있는, 일관된

2   **정답**   ②

     해석   지구의 표면은 대부분 물이다. 지구 표면의 4분의 3은 바다로 덮여 있다. 우리는 육지를 대륙으로 나눈다. 아래의 지도는 북미, 남미, 유럽, 아프리카, 아시아, 호주 및 남극 등 7개의 대륙을 보여 준다. 만약 당신이 지구본을 보면 당신은 지구가 두개의 반구로 나뉘어 있음을 알 수 있을 것이다. 북미와 남미의 반구는 서반구에 있다. 유럽, 아프리카, 아시아 및 호주는 동반구에 있다. 지구본은 우주에서 지구가 어떻게 보이는지를 알려 준다. 그러나 당신은 한 번에 한 쪽이나 하나의 반구만을 볼 수 있다.

     해설   (A) 덮여 있다는 의미이므로 수동태로 쓰여야 하고, (B) '지구가 두 개의 반구로 나뉘어져 있다'는 의미이므로 is divided가 적절하다. (C) '볼 수 있다'는 의미이므로 능동태로 쓰는 것이 적절하다.

     어휘   mostly 주로, 대부분
             continent 대륙
             below 아래의
             Antarctica 남극
             globe 지구, 구
             hemisphere 반구
             at a time 한번에

Fragment 01 기본적인 조동사 p.068

A 1. have to keep   2. cannot   3. can
4. should   5. May

B 1. must not take pictures
2. May I ask you
3. should not eat
4. have to take the medicine
5. ought to listen to

A 1. 우리는 도서관에서 조용해야만 한다.
2. 그녀는 아주 큰 집에 산다. 그녀는 가난할 리가 없다.
3. 크게 말해라. 내가 너의 말을 들을 수가 없다.
4. 그는 교활하다. 너는 그의 모든 말을 믿지 말아야 한다.
5. 설탕 좀 주시겠습니까?

B 1. 이 박물관에서는 사진을 찍으면 안 된다.
2. 매우 사적인 질문을 해도 될까요?
3. 너는 짠 음식을 먹어서는 안 된다.
4. 얼마나 자주 약을 복용해야 합니까?
5. 우리는 부모님 말씀을 들어야 한다.

Fragment 02 혼동하기 쉬운 조동사 표현 p.069

A 1. better not   2. had better not   3. used to
4. would   5. would rather not

B 1. would → used to
2. to have → have
3. used to → would
4. would not rather → would rather not
5. watching → watch

B 1. 나는 점심 식사 후에 운동장에 있는 소나무에 오르곤 했다.
2. 너는 간식을 좀 먹는 게 낫겠다, 그렇지 않으면 여행하는 내내 배가 고플 것이다.
3. 나는 가끔 이탈리아 식당에서 저녁을 먹곤 했다.
4. 나는 배가 아프다. 점심을 먹지 않는 것이 낫겠다.
5. 할아버지는 매일 저녁 식사 후 TV를 보시곤 했다.

Fragment 03 조동사 + have + 과거분사 p.070

A 1. must   2. may not   3. shouldn't   4. may
5. should

B 1. could have passed
2. should have taken
3. cannot have told
4. may have left
5. should have made

A 1. 그가 도착하지 않았다. 그는 길을 잃었음에 틀림없다.
2. Betty는 기차를 타지 못 한 거 같다. 내 생각에 그녀는 기차를 놓친 거 같다.
3. 그것은 아름다운 오래된 건물이었다. 그들은 그것을 허물지 말았어야 했는데.
4. 마침내 그가 해냈다. 그는 자신의 재능을 감추고 있었을지도 모른다.
5. Jenny가 매우 화가 났다. 너는 약속을 지켰어야만 했는데.

절대 내신 문제 p.071~073

1. ⑤   2. ④   3. ⑤   4. ④   5. ③   6. ④   7. ①
8. ⑤   9. ②   10. ③ 11. ⑤ 12. ③ 13. ② 14. ②
15. ⑤ 16. ⑤ 17. ④ 18. ① 19. ② 20. ③

[서술형 주관식 문제]
1. would rather, than
2. must, have, borrowed
3. ought to not → ought not to
4. She must have failed the test.
5. have been

1 정답 ⑤
해설 가능·능력의 의미로 미래 시제를 나타낼 때는 will be able to로 쓴다.

2 정답 ④
해설 '~할 필요가 없다'는 의미로 don't have to 또는 need not을 쓴다.

3 정답 ⑤
해설 ⑤는 금지가 아니라 불필요를 의미하는 문장이다.

4　정답　④
　해석　아무리 열심히 노력해도 나는 부모님의 기대를 충족시켜 드릴 수 없었다.
　해설　be able to는 '가능'을 나타내는 can과 같은 의미이다. 동사가 was이므로 could not이 알맞다.

5　정답　③
　해석　확실하진 않지만, 그 소문이 사실일 수도 있다.
　　　　① 이번에는 어려울 수도 있겠다.
　　　　② 그녀는 오늘 안 올지도 모른다.
　　　　③ 한 달 동안 이 방을 사용해도 좋습니다.
　　　　④ 우리는 미래에 무슨 일이 벌어질지 알 수 없다.
　　　　⑤ 오늘의 친구가 내일의 적이 될 수 있다.
　해설　보기와 ①, ②, ④, ⑤의 may는 '추측'을 나타내며, ③은 '허가'를 나타낸다.

6　정답　④
　해석　Harry가 수학 시험에서 A를 받았다. 그는 밤을 새우며 공부한 것이 틀림없다.
　해설　과거의 사실에 대한 확신을 나타내는 'must have + 과거분사' 형태가 와야 한다.

7　정답　①
　해석　나는 그녀에게 이 지도를 줬어야 했다. 그렇게 했다면 그녀는 길을 잃지 않았을 것이다.
　해설　과거의 사실에 대한 후회를 나타내는 'should have + 과거분사'가 와야 한다.

8　정답　⑤
　해석　나는 집에서 공부하느니 차라리 너랑 가겠다.
　해설　would rather A than B에서 A, B는 동사원형을 쓴다.

9　정답　②
　해석　때때로 나는 아빠와 함께 산에 가곤 했다.
　　　　→ 나는 매주 토요일 아빠와 함께 등산을 가곤 했다.
　해설　sometimes라는 불규칙적인 습관을 나타내는 부사가 있으므로 조동사 would가 왔는데 바꾼 문장은 every Saturday라고 규칙적인 습관을 나타내는 부사구가 있으므로 used to가 들어가는 것이 적절하다.

10　정답　③
　해석　A: 우리 캠핑 가는 데 합류할래?
　　　　B: 그러고 싶지만 안 돼.
　해설　Would you~?라고 상대방이 요청했을 때 정중히 거절하는 표현은 ③이다.
　　　　①은 do를 would로, ②는 bad를 good이나 great로, ④는 No를 Yes로, ⑤는 Of course not을 Of course로 바꾸면 적절한 응답이 될 수 있다.

11　정답　⑤
　해설　① 너는 그런 식으로 행동하면 안 된다.
　　　　② 나는 밖에 나가느니 차라리 집에 있겠다.
　　　　③ 우리는 더 이상 이곳에 머무르지 않는 게 좋겠다.
　　　　④ 나는 굳이 그 회의에 참석할 필요가 없다.
　　　　⑤ 그렇게 바보 같은 말을 하다니 Karl은 어리석음에 틀림없다.
　해설　⑤ 'must be + 동사원형'은 '~임에 틀림없다'의 의미로 알맞게 쓰였다.
　　　　① ought to not → ought not to
　　　　② had rather → would rather
　　　　③ had not better → had better not
　　　　④ needs not → need not

12　정답　③
　해석　그는 우리가 그 일을 진행해야 한다고 제안했다.
　해설　suggest가 '제안하다'의 의미로 쓰였으므로, that절의 동사는 '(should) + 동사원형'의 형태로 써야 한다.

13　정답　②
　해석　나는 도둑질을 하느니 차라리 굶어 죽겠다.
　해설　'~하느니 차라리 …하겠다'의 뜻인 'would rather A than B'는 'may[might] as well A as B'로 바꿔 쓸 수 있다.

14　정답　②
　해설　① 너는 네 방을 청소해야 할 것이다.
　　　　② 그녀는 먹기보다는 자고 싶어 한다.
　　　　③ 너는 네가 한 말을 어기면 안 된다.
　　　　④ 너는 영화를 보러 가곤 했니?
　　　　⑤ 네가 18살이 되면 운전을 할 수 있을 것이다.
　해설　would rather A than B는 'A하느니 B한다'

라는 의미의 조동사 어구이다. 이때 A와 B에
는 문법적으로 동일한 범주의 품사가 들어가
야 한다. 따라서 have eaten은 eat로 바꾸어
써야 한다.

15 정답 ⑤
해석 나는 엄마와 쇼핑을 가곤 했었다.
① 나는 5년 전에 매일 아침 걷곤 했다.
② 그들은 방과 후에 농구를 하곤 했다.
③ 아버지는 주말마다 낚시를 가시곤 하셨다.
④ 그녀는 어렸을 때 우리를 보러 자주 오곤
했다.
⑤ 그는 살이 빠지면 행복할 것이라고 말했다.
해설 보기와 ①~④의 would는 과거의 불규칙적
습관을 의미한다. ⑤의 would는 will의 과거
형으로 시제를 일치시킨 것이다.

16 정답 ⑤
해석 ① 나는 차라리 그 낡은 가방을 안 가져가겠다.
② 그녀는 지금 세수하는 게 좋겠다.
③ 너는 돈을 낭비하지 않는 게 좋겠다.
④ 나는 불필요한 것들을 사지 말았어야 했는데.
⑤ 지난밤에 비가 많이 안 왔을지도 몰라.
해설 ① would rather의 부정형 would rather not
으로 써야 한다.
② 주어가 3인칭 단수이더라도 had better의
형태는 변하지 않는다.
③ had better의 부정은 had better not이
다.
④ 과거 사실에 대한 후회를 나타내는 표현으
로 '~하지 말았어야 했는데'의 의미를 나
타낸 'should have + 과거분사'의 부정형
은 'should not have + 동사원형'이다.
⑤ '~하지 않았을 지도 모른다'는 의미는
'might not have + 과거분사'이다.

17 정답 ④
해석 ① 나는 그 집을 칠할 수 있다.
② 그는 스케이트 타는 법을 배워야 한다.
③ 나의 가족은 다른 도시로 이사 가야 한다.
④ 그 의장은 주제를 선정해야 한다.
⑤ 사장은 모든 사람에게 사과해야 한다.
해설 '~해야 한다'는 의미의 must는 부정형이 '~
할 필요 없다'는 don't have to인데 주어가 3
인칭 단수이므로 doesn't로 바꾸어야 한다.

18 정답 ①
해석 우리 아빠는 내 편지를 받았을 때 행복했을지
도 모른다.
해설 과거 사실에 대한 불확실한 추측을 나타낼 때
는 'may have + 과거분사'를 쓴다.

19 정답 ②
해설 '~했어야 했다'는 후회나 유감의 표현은
'should + have + 과거분사'이다.

20 정답 ③
해석 너는 더 일찍 왔어야 했다. 그 가게는 이미 닫
혔다.
그는 내가 숙제를 끝내야 한다고 요구했다.
해설 첫 번째 문장은 과거 사실에 대한 후회를 나타
내는 표현으로 'should + have + 과거분사'
가 오고, 두 번째 문장은 주장, 명령, 요구 등
의 동사가 that절로 이어질 때, that절은 '주어
+ should + 동사원형'으로 쓴다.

서술형 주관식 문제

1 정답 would rather, than
해석 지금 바로 결정하느니 조금 더 생각해 보는 게
낫겠어.
해설 may as well as A as B는 would rather A
than B로 고쳐 쓸 수 있다.

2 정답 must, have, borrowed
해석 그가 나의 공책을 빌려간 것이 틀림없다.
해설 과거 사실에 대한 확신을 나타내고 있으므로
'must + have + 과거분사'가 와야 한다.

3 정답 ought to not → ought not to
해석 너는 침대에서 뛰면 안 된다.
해설 ought to의 부정형은 'ought not to + 동사
원형'이다.

4 정답 She must have failed the test.
해석 그녀가 시험에 떨어진 것이 확실하다.
해설 과거 사실의 확실한 추측을 나타내는 표현은

'must + have + 과거분사'로 쓴다.

5 **정답** have been
  해석 A: 조심해!
    B: 이런! 바지에 우유를 쏟았네.
    A: 더 조심했어야지.
  해설 하지 말아야 할 일에 대한 유감을 나타내고 있으므로 'should + have + 과거분사'가 들어가는 것이 적절하다.

  1. ② 2. ②

1 **정답** ②
  해석 "안전벨트를 매십시오."라는 표지를 항상 지켜주시기 바랍니다. 비행 중에는 비행기가 갑작스러운 요동을 할 수 있기 때문에 항상 안전벨트를 매주시기 바랍니다. 비행기가 이륙하기 전에 승무원들이 구명조끼와 산소마스크 사용 방법 등을 포함한 여러 가지 내용을 시범으로 보여 줄 것입니다. 승무원을 주목해서 보시고 비상문이 어디에 있는지 알아 두시기 바랍니다. 승무원들은 여러분의 안전을 위해 어떤 질문에도 기꺼이 응답해 드리겠습니다.
  해설 ② '주어 + recommend(주장, 제안, 조건, 명령을 나타내는 동사)'의 that절에는 '(should) + 동사원형'을 쓰는 것이 적절하다.
  어휘 fasten 단단히 고정시키다
    turbulence 동요, 격동
    takeoff 이륙
    demonstrate 증명하다, 실제로 보여 주다
    pay attention to 주의를 기울이다

2 **정답** ②
  해석 외부인들은 동굴 거주자들이 자신들의 집에 대해 가지는 열정을 이해하기 어려운 경우가 많다. 그들은 왜 동굴 거주자들이 현대식 집과 그들의 동굴을 맞바꾸려고 하지 않는지를 이해할 수가 없다. 하지만 동굴에서 생활하는 이점을 쉽게 알 수 있다. 동굴은 두껍고 단단한 벽과 지붕이 있기 때문에 겨울에 춥지 않고 여름에 덥지 않다. 또한 구하기 쉬운 재료로 만들어지기 때문에 상대적으로 값이 싸다. 게다

가 그것들은 소중한 농토를 차지하지 않는다. 이 모든 장점으로 동굴은 전 세계 건축가들의 주의를 끌었다. 환경주의자들 역시 그것들의 생태학적 건전성을 인식하게 되었다.
  해설 과거의 불규칙한 습관을 나타내고 있으므로 would not으로 쓰는 것이 적절하다.
  어휘 cave 동굴
    dweller 거주자
    comprehend 이해하다
    solid 단단한
    relatively 상대적으로
    occupy 차지하다, 점유하다
    architect 건축가
    environmentalist 환경주의자
    ecological 생태학의
    soundness 건전성

Chapter 07

가정법

Fragment 01 가정법 과거   p.076

A 1. were 2. would take 3. could 4. liked
5. would lower

B 1. inherited 2. could visit 3. knew
4. would not be 5. could watch

A 1. 내가 젊다면, 나는 그 톱모델과 결혼할 수 있을 텐데.
2. 만일 비가 온다면, 내 아들은 우산을 가져갔을 텐데.
3. 우리가 가난하지 않다면, 새로운 스마트폰을 살 수 있었을 텐데.
4. James가 책 읽는 것을 좋아했다면, 우리와 함께 도서관에 갔을 텐데.
5. 내가 대통령이라면, 세금을 인하할 텐데.

B 1. 내가 백만 달러를 물려받으면, 새 집을 살 수 있을 텐데.
2. 만일 선생님이 아프지 않다면, 우리는 같이 박물관을 방문할 수 있었을 텐데.
3. Tony가 그녀의 전화번호를 알았다면, 그는 그녀에게 전화했을 텐데.
4. 만일 그 불쌍한 고아가 약간의 음식을 먹었다면, 그는 배고프지 않을 텐데.
5. 만일 내가 지금 집에 갔더라면, 나는 그 TV 드라마를 볼 수 있었을 텐데.

Fragment 02 가정법 과거완료   p.077

A 1. had married 2. would have seen
3. had known 4. could have had
5. wouldn't have washed

B 1. had eaten 2. would have found
3. would not have been 4. might have been
5. had phoned

A 1. 그가 첫사랑과 결혼했더라면, 행복했을 텐데.
2. 파티에 갔더라면, 나는 그 유명한 배우를 봤을 텐데.
3. 만일 그가 그것을 알았더라면, 그는 다르게 결정했을 텐데.

4. 네가 이기적이지 않았다면, 더 많은 친구들이 있을 텐데.
5. 엄마가 그 오리털 점퍼의 라벨을 읽었더라면, 그 옷을 물로 빨지 않았을 텐데.

B 1. 내가 그 상한 음식을 먹었다면, 배가 아팠을텐데.
2. Linda가 서울에 살고 있었다면, 새로운 직업을 얻었을 텐데.
3. 그 소년이 축구를 하지 않았다면, 그는 병원에 있지 않을 텐데.
4. 만일 네가 거기에 있었다면, 너는 곤란함에 빠졌을 텐데.
5. 엄마에게 전화를 했었다면, 그녀가 그렇게 화나지는 않았을 텐데.

Fragment 03 I wish, as if 가정법   p.078

A 1. am sorry, didn't 2. had known
3. isn't 4. had stayed 5. didn't cross

B 1. as if 2. had not lost 3. were my teacher
4. had bought 5. as if she were

A 1. 나는 그때 Jason과 결혼했어야 했는데.
2. 그는 마치 답을 아는 것처럼 행동했다.
3. 그 여자는 패션모델인 것처럼 걷는다.
4. 나는 네가 일주일 더 여기에 머물지 못해 아쉽다.
5. 우리는 그 강을 건넜어야 했는데.

Fragment 04 가정의 의미를 나타내는 표현   p.079~080

A 1. Without 2. couldn't 3. But for
4. could 5. Without

B 1. Had the girl been kind to me, I would have liked her.
2. Were you more diligent, you could pass the entrance exam.
3. Had you gotten up early, you wouldn't have been late for school.
4. Were her mother alive, she might be happier.
5. Didn't my wife hate animals, I might raise cats at home.

C
1. It had → Had it
2. With → Without
3. If → But for
4. would not pass → would not have passed
5. had I → I had

A
1. 교복이 없었다면, 그녀는 학생으로 보이지 않을 텐데.
2. 휴대폰이 없었다면, 내가 지하철에서 그 경기를 볼 수 없었을 텐데.
3. 충분한 시간이 없었다면, 나는 너와 함께 영화 보러 갈 수 없었을 텐데.
4. 너의 도움이 없었다면, 나는 1등을 할 수 없었을 텐데.
5. 돈이 없었다면, 우리는 이 집을 살 수 없었을 텐데.

B
1. 그 소녀가 나에게 친절했다면, 나는 그녀를 좋아했을 텐데.
2. 네가 더 부지런하다면, 입학 시험에 통과할 수 있을 텐데.
3. 네가 일찍 일어났다면, 학교에 지각하지 않았을 텐데.
4. 그녀의 엄마가 살아 계시다면, 그녀가 더 행복할지도 모르는데.
5. 만약 내 아내가 동물들을 싫어하지 않는다면, 나는 집에서 고양이를 기를지도 모를 텐데.

C
1. 너의 충고가 없었다면, 나는 어제 그것을 시도했을 것이다.
2. 물이 없다면, 모든 생명체는 존재할 수 없을 것이다.
3. 인터넷이 없다면, 우리는 세계의 상황을 알 수 없었을 것이다.
4. 너의 도움이 없었다면, 나는 그저께 시험을 통과하지 못했을 것이다.
5. 만약 너의 생일을 알았더라면, 나는 너에게 약간의 꽃을 사 줬을 것이다.

절대 내신 문제 p.081~084

1. ② 2. ④ 3. ③ 4. ③ 5. ⑤ 6. ④ 7. ③
8. ③ 9. ② 10. ② 11. ①, ②, ④ 12. ② 13. ④
14. ① 15. ② 16. ④ 17. ② 18. ②, ④, ⑤ 19. ②
20. ⑤

[서술형 주관식 문제]
1. As[Because], didn't, couldn't
2. Without the dictionary
3. Had it not been for the dictionary
4. Without, would, have
5. Were you strong

1
정답 ②
해석 그가 이곳에 산다면, 매일 그를 만날 텐데.
해설 가정법 과거 문장이므로 if절의 동사에는 동사의 과거형이 들어가야 한다.

2
정답 ④
해석 그가 그녀에게 좀 더 일찍 경고를 했더라면, 그녀는 그렇게 하지 않았을 텐데.
해설 가정법 과거완료 문장이므로 if절의 동사는 '조동사의 과거형 + 과거완료' 형태가 들어가야 한다.

3
정답 ③
해석 A: 너는 왜 그렇게 걷고 있니? 너는 마치 다리가 부러진 것처럼 걷는다.
B: 내 생각에는 다리에 문제가 있는 것 같아. 정말 아파.
해설 현재 사실의 반대를 말하여 '마치 ~처럼'이라고 할 때 as if 절에 과거형 동사를 쓴다.

4
정답 ③
해석 희망이 없다면, 삶은 더 힘들 것이다.
해설 주절의 형태로 보아 가정법 과거임을 알 수 있으므로 'If it were not for'가 들어가는 것이 알맞다.

5
정답 ⑤
해석 나에게 충분한 돈이 있다면, 그 멋진 집을 살 수 있을 것이다.
나에게 충분한 돈이 없기 때문에 그 멋진 집을 살 수 없다.

해설 가정법 과거는 현재와 반대되는 사실을 가정하
는 것이므로 직설법 현재로 바꿔 쓸 수 있다.

6 정답 ④
해석 그는 조심히 운전하지 않았기 때문에 다쳤다.
그가 조심히 운전했더라면, 다치지 않았을 것
이다.
해설 위 문장은 직설법 과거 문장이므로 과거와 반
대되는 사실을 가정하는 가정법 과거완료 형
태의 가정법이 되어야 한다.

7 정답 ③
해석 A: 너는 운전면허 시험에 합격했니?
B: 아니. 합격 못했어.
A: 네가 나랑 연습했더라면, 시험에 통과할 수
있었을 텐데.
해설 과거 사실에 대한 반대를 가정하는 가정법 과
거완료의 주절은 '조동사의 과거형 + have +
과거분사'로 쓴다.

8 정답 ③
해설 '~인 것처럼'은 as if로 나타낸다. 과거 사실
의 반대를 나타내는 가정법 과거완료가 와야
한다.

9 정답 ②
해석 내가 조금만 더 젊었더라면, 더 많은 일을 할
수 있었을 텐데.
해설 If절이 가정법 과거완료의 형태이므로 주절은
'조동사의 과거형 + have + 과거완료'의 형태
가 되어야 한다.

10 정답 ②
해석 그녀에게 시간이 충분했다면, 그들을 도울 수
있었을 것이다.
해설 가정법 과거 문장에서 if가 생략될 경우 주어
와 동사가 도치된다.

11 정답 ①, ②, ④
해석 그녀의 조언이 없다면, 나는 그것을 극복해내
지 못했을 것이다.
해설 But for와 Without은 '만일 ~이 없다면, ~
일 텐데'의 뜻을 나타내어 가정법 역할을 한
다. 가정법의 If가 생략되면 주어와 동사가 도

치된다.

12 정답 ②
해석 내가 유명한 가수라면, 돈을 많이 벌 텐데.
해설 가정법에서 If를 생략하면 주어와 동사가 도치
된다.

13 정답 ④
해석 나는 아팠다. 그래서 그들과 함께 테니스를 칠
수 없었다.
만약 내가 아프지 않았다면, 그들과 함께 테니
스를 쳤을 것이다.
해설 과거 사실의 반대를 가정하는 내용이므로 가
정법 과거완료 형태가 와야 한다.

14 정답 ①
해석 그녀가 지금 이곳에 있다면, 나는 그녀에게 청
혼할 수 있을 텐데.
그녀가 지금 여기 없기 때문에 나는 그녀에게
청혼할 수 없다.
그녀는 지금 여기에 없다. 그래서 나는 그녀에
게 청혼할 수 없다.
해설 첫 문장은 가정법 과거 if절의 be동사는 인칭
과 수에 상관없이 were(was)가 들어간다.
두 번째 문장은 가정법 과거를 직설법 현재로
바꾼 것이다. 이때 주절과 종속절은 가정법과
반대의 의미를 나타낸다.
세 번째 문장은 문맥상 결과를 나타내는 so가
들어가야 한다.

15 정답 ②
해석 ① 내가 너의 전화번호를 알았다면, 나는 너에
게 전화를 했을텐데.
② 내 코가 조금만 더 작았더라면, 나는 더 예
뻤을 텐데.
③ 그는 마치 모든 문제의 답을 아는 것처럼
말한다.
④ 가이드가 없으면, 그들은 큰 도시에서 길을
잃을 것이다.
⑤ 그녀가 그때 나를 돕지 않았다면, 나는 지
금 잘 쉴 수 없을 텐데.
해설 가정법 과거의 if절에서 동사가 be동사이면,
인칭과 수에 상관없이 were(was)가 나와야
한다. If가 생략되어 주어와 동사가 도치된 문
장이다.

16 정답 ④

해석 ① Sarah는 아픈 것처럼 보인다.
사실 Sarah는 아프지 않다.
② 내가 똑똑했으면 좋겠다.
나는 똑똑하지 않아서 유감이다.
③ 우리가 그 문제를 풀어야 할 시간이다.
우리가 그 문제를 풀어야 할 시간이다.
④ 열쇠가 없다면, 그는 차를 열지 못할 것이다.
그는 열쇠 없이도 차를 열 수 있었다.
⑤ 그는 마치 그곳에 가고 싶어 했던 것처럼 말했다.
사실 그는 그곳에 가고 싶지 않았다.

해설 But for는 '~이 없다면, ~일 것이다'의 뜻이다.

17 정답 ②

해석 그녀는 마치 정답을 알고 있는 것처럼 말했다.

해설 as if 가정법 과거완료 문장이므로 'as if + 주어 + had + 과거분사' 형태가 알맞다.

18 정답 ②, ④, ⑤

해석 신용카드가 없다면, 나는 지금 이것을 지불하지 못할 것이다.

해설 Were it not for는 '~이 없다면'의 뜻으로 But for와 Without으로 바꿔 쓸 수 있다. 또한 If가 생략되기 전의 형태는 If it were not for이다.

19 정답 ②

해석 그 키 큰 남자는 힘이 세 보인다. 사실 그는 힘이 세지 않다.

해설 '마치 ~처럼'이라는 의미의 표현은 as if 가정법 과거인데 be동사는 주어에 관계없이 were이고, 직설법에서 부정형이므로 가정법에서는 그 반대인 긍정형을 쓴다.

20 정답 ⑤

해석 A: 왜 그녀와 춤추지 않았니?
B: 난 그녀와 춤추고 싶었어. 하지만 축구를 하다가 다리를 다쳤어. 그래서 그 파티에 가지 못했어.
내가 축구를 하다가 다리를 다치지 않았더라면, 나는 그녀와 춤을 췄을 거야.

해설 다리를 다쳐서 춤을 추지 못했다는 과거시제 직설법이므로 과거와 반대 사실을 가정하는 가정법 과거완료의 형태로 써야 한다.

1 정답 As[Because], didn't, couldn't

해석 만일 Charlie가 최선을 다했다면, 그 경기에서 이겼을 텐데.

해설 가정법 과거완료이므로 직설법 과거에 반대되는 내용이 되어야 한다.

2 정답 Without the dictionary

3 정답 Had it not been for the dictionary

4 정답 Without, would, have

해설 without를 이용한 가정법 과거완료 문장이다.

5 정답 Were you strong

해설 가정법 과거의 문장인데 빈칸이 3개밖에 없으니 if가 생략되어서 주어와 동사가 도치된 형태로 써야 적절하다.

1. ④ 2. ⑤

1   정답   ④

     해석   침묵의 의미는 문화마다 다를 수 있다. 예를 들면, 미국인들은 침묵을 종종 부정적인 것으로 본다. 사업상 모임에서 그들은 종종 말을 하도록 스스로를 강요한다. 그들은 침묵하고 있는 것이 할 말이 없는 것처럼 보일까 봐 두려워한다. 개인적인 측면에서는, 침묵은 일이 잘 진행되지 않는다는 표시로 해석된다.

     해설   as if 다음에는 가정법이 오는데 의미상 가정법 과거가 되어야 하므로 they had로 쓰는 것이 적절하다.

     어휘   silence 침묵
               participant 참여자
               interpret 해석하다

2   정답   ⑤

     해석   배가 막 떠나려고 할 때, 첫 번째 사람은 하늘에서 들리는 목소리를 들었다. "왜 너는 네 동료를 섬에 남겨 놓고 떠나가느냐?" 첫 번째 사람이 대답했다. "기도한 사람은 저이기 때문에 제 은총은 저만의 것입니다. 그는 아무것도 받을 만한 가치가 없습니다. 왜냐하면, 그의 기도는 모두 이루어지지 않았기 때문입니다." "너는 잘못 생각한 것이다!"라고 하늘에서 들리는 목소리가 그를 꾸짖었다. "그의 기도가 없었다면 너는 내 은총을 하나도 받지 못했을 것이다. 그는 너의 모든 기도가 이루어지기를 기도했었다."

     해설   if절에 had not been for가 있으므로 주절에는 would not have received이 적절하다.

     어휘   companion 동료
               deserve …을 받을 가치가 있다
               rebuke 꾸짖다
               parcel 토지의 구획, 구역

Chapter 08
일치와 화법

Fragment 01   시제 일치와 예외   p.088

A   1. catches   2. rings   3. is   4. graduates
      5. invented

B   1. had lived → lived
      2. had broken → broke
      3. came → comes, went → goes
      4. will go → goes
      5. will rain → rains

A   1. 일찍 일어나는 새가 벌레를 잡는다.
      2. 종이 치면 우리는 강당으로 들어갈 것이다.
      3. 선생님은 Canberra가 Australia의 수도라고 말했다.
      4. 그는 졸업하면, Paris로 가서 그곳에서 공부할 것이다.
      5. 나는 세종대왕과 그의 학자들이 1443년에 한글을 발명한 것이 매우 자랑스럽다.

B   1. 나는 네가 2010년에 캐나다에 살았던 것을 알고 있다.
      2. 많은 학생이 한국 전쟁이 1950년에 발발했다는 것을 알지 못했다.
      3. 해는 동쪽에서 떠서 서쪽으로 진다.
      4. 우리 형은 매일 아침 버스를 타고 학교에 간다.
      5. 만일 내일 비가 온다면 우리는 등산 가는 대신에 휴식을 취할 것이다.

Fragment 02   수의 일치   p.089

A   1. try   2. are   3. is   4. know   5. is

B   1. was → were
      2. is → are
      3. have → has
      4. are → am
      5. have → has

A   1. 이 도시의 부자들은 더 많이 기부하려고 한다.
      2. 학생들의 절반이 웹서핑을 하는데 자유 시간을 보내고 있다.
      3. 수학은 내가 가장 좋아하는 과목이다.

4. James뿐 아니라 그의 부모도 Jenny가 천재라는 것을 알고 있다.
5. 우리 도시 안의 노동자 수는 대략 1000명 정도 이다.

B 1. 많은 비행편이 폭우로 연기되었다.
2. 여동생뿐 아니라 남자 형제들도 이것을 하려고 하고 있다.
3. 호수의 물이 모두 사라졌다.
4. 너와 나 모두 그 사고에 책임이 없다.
5. 아파트의 모든 불이 켜져 있었다.

Fragment 03 화법   p.090~091

A 1. had seen, previous
2. if(whether) she knew
3. would, her, the next
4. advised, not to be late
5. asked, had bought

B 1. He asked me if(whether) I had ever heard the story.
2. She told me that she had left her wallet on the bus that day.
3. Rodriguez advised me to try to do my best.
4. She said to him, "May I use your cell phone?"
5. The janitor advised(told) us not to run up the stairs.

A 1. 그는 "나는 어제 Jenny를 봤어."라고 말했다.
2. Tommy는 Tina에게 "그 답을 알고 있니?"라고 말했다.
3. James는 그녀에게 "나는 내일 너의 아버지를 뵐 거야."라고 말했다.
4. Juliet의 선생님은 Lopez에게 "다시 늦지 마."라고 말씀하셨다.
5. 엄마는 "나에게 어제 무엇을 샀니?"라고 말씀하셨다.

B 1. 그는 나에게 "그 이야기를 들어본 적이 있니?"라고 말했다.
2. 그녀는 나에게 "나는 오늘 버스에 지갑을 두고 왔어."라고 말했다.
3. Rodriguez는 나에게 "최선을 다해야 한다."라고 말했다.
4. 그녀는 그에게 그의 휴대전화를 사용할 수 있는

지 물었다.
5. 그 경비원은 우리에게 "계단을 뛰어 올라가지 마."라고 말했다.

절대 내신 문제   p.092~094

1. ④ 2. ② 3. ① 4. ② 5. ④ 6. ③ 7. ②
8. ⑤ 9. ③ 10. ② 11. ⑤ 12. ④ 13. ④ 14. ④
15. ② 16. ③ 17. ① 18. ① 19. ⑤ 20. ②

[서술형 주관식 문제]
1. she had met Chris the day before
2. she would go there the next day
3. A passenger asked a bus driver if that was the 2:30 bus to Columbus.
4. A passenger asked a bus driver where the bus to Columbus was.
5. A bus driver told a passenger to take it across the street.

1 정답 ④
   해석 Julie는 몸이 아프다고 말했다.
   해설 주절의 시제가 과거이면 종속절의 시제는 과거 또는 과거완료시제가 되어야 한다.

2 정답 ②
   해석 무례한 건 내가 아니라 Sarah이다.
   해설 'A가 아닌 B'의 뜻인 'not A but B'가 주어로 쓰이면 동사는 B에 일치시킨다.

3 정답 ①
   해석 선생님께서 빛은 소리보다 빨리 나아간다고 말씀하셨다.
   해설 불변의 진리나 속담, 격언은 주절과 상관없이 항상 현재시제로 쓴다.

4 정답 ②
   해석 그녀는 그 남자 아이에게 스페인어를 할 수 있는지 물었다.
   해설 의문사가 없는 간접화법 의문문이므로 if가 들어가야 한다.

5 정답 ④
   해석 ① 아무도 진실에 관심이 없다.
        ② 네 사과들 중 하나가 썩었어.

③ 많은 학생이 결석했다.
④ 그 또는 너 둘 중 한 명이 답을 알고 있다.
⑤ 나는 주말마다 항상 낚시를 간다고 그녀에게 말했다.

해설 'A와 B 둘 중 하나'의 뜻인 「either A or B」가 주어로 쓰이면 동사는 B에 일치시킨다.

6 정답 ③
해석 모든 학생이 휴대전화를 가지고 있다.
새로운 친구를 사귀는 것은 쉽지 않다.
10마일은 걷기에 먼 거리이다.
해설 'every + 단수명사 + 단수동사'로 쓴다.
동명사 주어는 단수로 취급한다.
길이, 시간, 거리 등을 한 단위로 취급할 때는 단수 취급한다.

7 정답 ②
해석 A: 남편을 어떻게 만났나요?
B: 파티에서 만났던 걸로 기억해요.
해설 남편을 만난 것은 과거의 일이므로 meet의 과거형인 met가 와야 한다.

8 정답 ⑤
해석 젊은이들은 최선을 다하기 위해 노력해야 한다.
해설 'The + 형용사'는 '복수 보통명사'로 쓰이므로 복수로 취급한다.

9 정답 ③
해석 작품의 일부가 완성되었다.
꽃들 중 반이 시들었다.
그 지역의 범죄 수가 급격히 늘고 있다.
해설 「most[half, part, 분수] + of」는 of 뒤에 나오는 명사의 수에 맞춰 동사의 수를 일치시킨다.
the number of는 '~의 수'라는 뜻으로, 단수 취급한다.

10 정답 ②
해석 친구 관계를 유지하는 것이 친구를 새로 사귀는 것보다 중요하다.
해설 동명사구는 단수로 취급하므로 단수동사인 is 가 와야 한다.

11 정답 ⑤

해석 그녀는 나에게 다음 날에 나를 도와주겠다고 말했다.
해설 전달동사의 시제가 과거(told)이므로 피전달문은 would help가 알맞고, 목적어 you는 me가 된다. tomorrow는 the next day로 바뀐다.

12 정답 ④
해석 그는 4일 전에 그녀를 만났었다고 말했다.
해설 전달동사 said는 그대로 쓴다. I를 he로 바꾸고 주절이 과거이므로 한 단계 앞선 시제인 과거완료를 쓴다. ago는 before로 고친다.

13 정답 ④
해석 Cathy는 Thomas에게 그녀가 그의 말을 잘 이해하지 못했다고 말했다.
해설 전달동사(told)가 과거시제이므로, 피전달문 don't를 과거시제 didn't로 고쳐야 한다.

14 정답 ④
해석 그녀는 나에게 나를 만나러 그곳에 왔다고 말했다.
해설 직접화법을 간접화법으로 고칠 때, 부사 here 는 there로 전환된다.

15 정답 ②
해설 ① 그는 나에게 뭘 먹고 싶은지 물었다.
② 나는 그녀가 오고 있는 중인지 물었다.
③ Tom은 나에게 다음 날에 나에게 전화하겠다고 말했다.
④ 나의 아버지께서는 나에게 내가 자랑스럽다고 말씀해 주셨다.
⑤ Roy는 나에게 내가 그를 도와줄 수 있는지 물었다.
해설 ②는 의문사가 없는 의문문이므로 접속사 if 또는 whether를 사용하여 간접화법을 만들어야 한다.

16 정답 ③
해석 엄마는 나에게 공공장소에서 뛰지 말라고 말씀하셨다.
해설 부정명령문을 직접화법에서 간접화법으로 바꿀 때는 not to를 쓴다.

17 정답 ①

해석 나는 Tim에게 누가 그 편지를 썼는지 물었다.

해설 ask를 said to로 바꾼다. 의문사인 who가 주어 역할을 하므로 뒤에 동사가 나온다. 과거시제인 said to와 동일한 시제인 wrote로 쓴다.

18 정답 ①

해석 ① 내 안경이 깨졌다.
② 우리 가족은 대가족이다.
③ 그들이 원하는 것을 자유이다.
④ 8시간의 수면이면 충분하다.
⑤ 내 친구 중 한 명은 매우 영리하다.

해설 '안경'의 뜻으로 쓰인 glasses는 항상 복수 취급하는 명사이다.

19 정답 ⑤

해석 ① 내 바지는 낡았다.
② 너와 나 둘 다 틀렸다.
③ 우리 가족은 전부 다 키다 크다.
④ 가난한 사람이 항상 불행한 것은 아니다.
⑤ 지구 표면의 4분의 3이 물이다.

해설 '분수 + of + 명사'는 뒤에 나오는 명사의 수에 따라 동사의 수가 결정된다.

20 정답 ②

해석 ① 나는 그녀에게 나를 도울 수 있는지 물었다.
② Julie는 슬프다고 말했다.
③ Jim은 매일 아침 달리기를 한다고 말했다.
④ 나는 아는 것이 힘이라고 배웠다.
⑤ 의사는 나에게 운동을 많이 하라고 조언했다.

해설 주절의 시제가 과거이므로 종속절의 시제도 과거로 일치시켰다.
① can → could
③ ran → runs
④ was → is
⑤ exercise → to exercise

1 정답 she had met Chris the day before

해석 그녀는 나에게 그저께 Chris를 만났다고 말했다.

해설 인용문의 I를 she로 바꾼다. told가 과거시제이므로 met이 한 단계 앞선 시제인 과거완료시제가 되어야 한다. yesterday는 the day before로 바뀐다.

2 정답 she would go there the next day

해석 Judy는 나에게 다음 날에 그곳에 갈 거라고 말했다.

해설 인용문의 I를 she로 바꾼다. told가 과거시제이므로 will이 한 단계 앞선 시제인 would가 되어야 한다. tomorrow는 the next day로 바꾼다.

[3~5] 승객: 실례합니다. 이게 Columbus로 가는 2시 30분 버스인가요?
버스기사: 아니오. 버스를 잘못 타신 것 같군요. 이 버스는 Louisville로 갑니다.
승객: 오, 이런! Columbus로 가는 버스는 어디 있나요?
버스기사: 건너편 도로에서 타세요.

3 정답 A passenger asked a bus driver if that was the 2:30 bus to Columbus.

해설 의문사가 없는 직접화법을 간접화법으로 전환할 때에는 'if[whether] + 주어 + 동사'의 순으로 쓴다.

4 정답 A passenger asked a bus driver where the bus to Columbus was.

해설 의문사가 있는 직접화법을 간접화법으로 전환할 때에는 '의문사 + 주어 + 동사'의 순으로 쓴다.

5 정답 A bus driver told a passenger to take it across the street

해설 명령문 직접화법을 간접화법으로 전환할 때에는 동사 앞에 to를 붙여 쓴다.

1. ⑤   2. ⑤

1   정답   ⑤

해석   악몽은 거의 모든 사람이 경험한다. 악몽은 아주 현실 같아 보이는 오랫동안 지속되는 무서운 꿈이다. 때때로 정상적이고 일상적인 사물들이 그런 꿈의 무서운 부분이 되기도 한다. 악몽은 대개 밤 잠의 마지막 몇 시간 동안에 일어난다. 악몽은 사람이 스트레스를 받을 때 일반적으로 더 자주 꾸고, 전쟁 같은 충격이 큰 사건 중에도 꾸게 된다. 악몽은 어린 시절에 훨씬 더 흔하다. 적어도 모든 어린이의 절반은 악몽을 경험한다.

해설   분수를 나타내는 표현은 뒤에 나오는 명사의 수에 따라서 동사의 단수와 복수가 결정된다. 따라서 ⑤ experiences는 experience로 쓴다.

2   정답   ⑤

해석   북이탈리아의 볼로냐 대학은 대다수 북미 대학과는 다르다. 한 가지 주요 차이점은 그 역사이다. 10세기에 설립된 그 대학은 유럽에서 가장 오래된 대학이다. 반면 북미의 대학은 모두 상대적으로 새것이고 학생들은 좀 더 현대적 건물에 둘러싸여 있다. 또 다른 차이점은 대학 교정이다. 북미 대학의 교정과는 달리, 이 오래된 이탈리아의 학교 건물 근처에는 나무라든가 또는 학생들이 만날만한 탁 트인 공간이 없다. 그래서, 많은 학생은 길거리나, 카페 그리고 그 역사적 건물들의 안뜰에서 만난다.

해설   'a number of + 복수 명사'는 복수 취급해서 동사가 meet가 되어야 한다.

어휘   appreciation 감상
       relatively 상대적으로

Chapter 09
관계대명사

Fragment 01   관계대명사의 두 가지 용법   p.098

A   1. for it   2. and he   3. and it   4. and I
     5. and, them

B   1. 차 근처에 서 있는 사람이 우리 삼촌이다.
     2. 나는 Jeff를 만났는데, 그는 나를 자신의 생일 파티에 초대했다.
     3. Batman은 많은 아이가 우러러보는 영웅이다.
     4. 나는 책을 샀는데, 그 책은 1985년에 출간되었다.
     5. 이곳은 내가 일요일마다 가는 도서관이다.

A   1. 나는 이 지갑으로 선택했다, 왜냐하면 휴대하기 좋고 가볍기 때문이다.
     2. 나에게 어젯밤에 전화했던 사람은 나의 선생님이다.
     3. 그는 상한 음식을 먹어서 그것이 그를 아프게 하고 있다.
     4. Jenny는 2년 전에 만난 내 가장 친한 친구이다.
     5. 나는 소설책 몇 권을 샀고, 그것들을 주말 동안 읽었다.

Fragment 02   관계대명사 that, what   p.099~100

A   1. that   2. what   3. that   4. that   5. What
B   1. what he is   2. what is called
     3. What was worse   4. is to, what, is to
     5. what is, better

A   1. 이런 종류의 음악을 좋아하는 사람 있습니까?
     2. 나는 네가 지난여름에 한 일을 알고 있다.
     3. 내가 알고 싶었던 것은 시간이 얼마나 걸릴 것인가이었다.
     4. 두 번째로 발견된 행성은 무엇인가?
     5. 내가 가장 하고 싶은 것은 야외에서 시간을 보내는 것이다.

Fragment 03 전치사와 관계대명사, 생략 　p.101

A 1. in　2. with　3. of　4. looking for　5. in
B 1. whom　2. that　3. X　4. which was
　　5. who are

A 1. 이것이 내가 그 문제를 푼 방법이다.
2. 나는 함께 이야기를 나눌 수 있는 친구가 몇 명 있다.
3. 네가 무서워하는 그 할머니는 정말 친절하다.
4. 네가 찾고 싶어 하던 모자가 탁자 위에 있다.
5. Jennifer는 내가 참가하고 싶었던 대회에 지원했다.

Fragment 04 관계부사 　p.102

A 1. why　2. where　3. when　4. how
　　5. when
B 1. why　2. where　3. when　4. why
　　5. when

A 1. 내가 이것을 하는 것을 싫어할 이유가 한가지 있다.
2. 나는 편안함을 느낄 수 있는 집을 찾고 있다.
3. 너는 너가 결혼한 날을 기억해야만 한다.
4. 나는 그가 옷 입는 방식이 마음에 들지 않는다.
5. 월요일은 우리가 아주 바쁜 날이다.

B 1. 그가 사임한 이유를 이해하기 어렵다.
2. 내가 살고 있는 도시를 떠나고 싶지 않다.
3. 지금이야말로 우리가 싸워야 할 때이다.
4. Jenny가 우리와 함께 할 수 없는 이유를 모르겠다.
5. 1945년은 제2차 세계대전이 끝난 해이다.

Fragment 05 복합관계사 　p.103~104

A 1. who(m)ever　2. whichever　3. whoever
　　4. Whatever　　5. Whenever
B 1. ⓐ　2. ⓐ　3. ⓑ　4. ⓑ　5. ⓐ
C 1. wherever　2. whenever　3. However
　　4. Wherever　5. whenever

B ⓐ Jenny는 그녀가 만나는 누구든 초대했다.
ⓑ 네가 전에 무엇을 했던 나는 너를 믿는다.
1. 원하는 것은 무엇이든지 먹어라.

2. 처음으로 도착하는 사람은 누구든지 그 경기에서 승리할 것이다.
3. 전화를 하는 누구든 내가 밖에 있다고 말해라.
4. 어느 쪽을 택하든 실망할 것이다.
5. 어느 것이든 원하는 것을 골라 봐.

C 1. 네가 원하는 곳은 어디든지 앉아도 된다.
2. Thomas는 뜻대로 되지 않을 때 화를 낸다.
3. 어떻게 부자가 되었든 그들은 더 많은 것을 원한다.
4. 네가 어디를 가더라도 나도 갈 것이다.
5. 네가 나를 필요로 하는 언제라도 나는 여기 있을게.

절대 내신 문제 　p.105~107

1. ①　2. ③　3. ⑤　4. ④　5. ⑤　6. ②　7. ②
8. ⑤　9. ①　10. ③　11. ④　12. ③　13. ②, ④, ⑤
14. ②　15. ③　16. ④　17. ③　18. ③　19. ⑤　20. ①

[서술형 주관식 문제]
1. The theater which[that] we visit every weekend is always full of many people.
2. The player who was injured during the game was carried to the hospital.
3. Exercise helps control our weight by using extra calories which[that] we ate.
4. She walked in the rain all day, which caused her to catch a cold.
5. I visited California, where I met an old friend of mine.

1 정답　①
해석　그녀는 암으로 고통 받는 환자들을 돌본다.
해설　선행사가 사람이고 주격이므로 who가 들어가야 한다.

2 정답　③
해석　나와 함께 공부하는 학급 친구들은 매우 친절하다.
해설　선행사가 사람이고 관계대명사 앞에 전치사가 있으므로 목적격인 whom이 들어가야 한다. that은 전치사 뒤에 올 수 없다.

3 정답　⑤
해석　너는 비행기가 지연된 이유를 알고 있니?
해설　이유의 관계부사인 why는 '전치사 + 관계대명사'로 바꾸어 쓸 때, 이유를 나타내는 전치

사인 for를 이용하여 for which로 바꿔 쓸 수
있다.

4　**정답**　④
　　　해설　'무엇을 ~하든'이라는 의미의 양보의 부사절
　　　　　을 복합관계대명사인 whatever가 나타낼 수
　　　　　있으며, no matter what으로 바꿔 쓸 수 있다.

5　**정답**　⑤
　　　해석　사람들은 익숙하지 않은 것을 하기를 피하려
　　　　　는 경향이 있다.
　　　　　네가 하는 말을 들었을 때, 나는 깜짝 놀랐다.
　　　해설　선행사가 없으므로 선행사를 포함한 관계대명
　　　　　사 what이 들어가야 한다.

6　**정답**　②
　　　해석　① 나는 우리 집에 방문한 모든 손님을 기억한
　　　　　　　다.
　　　　　② 공원에 소녀들이 네 명 있는데, 모두 다 나
　　　　　　　의 학생들이다.
　　　　　③ 너는 관심사가 오직 돈인 사람을 신뢰해서
　　　　　　　는 안 된다.
　　　　　④ 우리가 이사한 그 집은 아름답다.
　　　　　⑤ 우리 형은 사자처럼 생긴 고양이 한 마리를
　　　　　　　키운다.
　　　해설　that은 계속적 용법으로 쓰이는 관계대명사
　　　　　콤마(,) 뒤에 올 수 없다. 따라서 that을 who
　　　　　로 바꿔야 한다.

7　**정답**　②
　　　해석　① 나는 그가 옷 입는 방식을 좋아한다.
　　　　　② 이곳은 오직 VIP 회원들만 이용할 수 있는
　　　　　　　주차장이다.
　　　　　③ 그녀가 걷는 방식은 정말로 날 웃게 한다.
　　　　　④ 내가 여기 온 이유는 널 만나서 사과하기
　　　　　　　위해서이다.
　　　　　⑤ 그녀가 화 난 이유는 알려지지 않았다.
　　　해설　선행사가 the parking lot으로 장소를 나타내
　　　　　지만 where 뒤에 목적어가 빠진 불완전한 문
　　　　　장이 나오므로 관계부사 where가 아닌 목적
　　　　　격 관계대명사 which[that]가 와야 한다.

8　**정답**　⑤
　　　해석　① 나는 네가 나에게 준 그 책을 잃어버렸다.

　　　　　② 그녀는 내가 결코 잊을 수 없는 여인이다.
　　　　　③ 피아노 연주를 하고 있는 저 남자는 내 삼
　　　　　　　촌이다.
　　　　　④ 네가 찾고 있던 그 열쇠는 이 가방 안에 있다.
　　　　　⑤ 내가 실망했던 그 영화는 정말로 폭력적이
　　　　　　　었다.
　　　해설　관계대명사 앞에 전치사가 있을 경우, 관계대
　　　　　명사는 생략할 수 없다.

9　**정답**　①
　　　해석　그가 가장 좋아하는 록 밴드가 은퇴할 것이라
　　　　　고 발표를 했는데, 그것은 그를 슬프게 했다.
　　　해설　계속적 용법으로 쓰여 앞 문장 전체를 선행사
　　　　　로 받을 수 있는 관계대명사는 which이다.

10　**정답**　③
　　　해석　나는 도서관에 가서 그곳에서 하루 종일 시험
　　　　　공부를 했다.
　　　해설　계속적 용법으로 쓰인 관계부사 where는
　　　　　and there로 바꿔 쓸 수 있다.

11　**정답**　④
　　　해석　내가 살았던 고향은 신선한 지역 해산물로 유
　　　　　명하다.
　　　해설　제한적 용법으로 쓰인 관계부사 where는 '전
　　　　　치사 + 관계대명사'로 쓸 수 있다. 관계대명사
　　　　　절의 동사가 lived로 전치사 in을 필요로 하므
　　　　　로 in which로 바꾸는 것이 알맞다.

12　**정답**　③
　　　해석　Susie는 전화를 받지 않았는데, 그것이 그의
　　　　　어머니를 걱정하게 만들었다.
　　　해설　계속적 용법으로 쓰이는 which는 바로 앞의
　　　　　문장을 받으므로 and it으로 고쳐 쓰는 것이
　　　　　알맞다.

13　**정답**　②, ④, ⑤
　　　해석　이곳은 호텔이다. 이 호텔에서 사고가 발생했다.
　　　　　이곳이 사고가 발생한 호텔이다.
　　　해설　선행사가 hotel이고 뒤에 완전한 문장이 나
　　　　　오므로 관계부사 where가 알맞다. 관계부사
　　　　　where는 that으로 대신할 수 있다. 관계부사
　　　　　는 '전치사 + 관계대명사'로도 쓸 수 있는데,
　　　　　문맥상 전치사 in이 들어가서 in which가 되
　　　　　어야 한다.

14 정답 ②

해석 ① 이탈리아는 피자가 처음 만들어진 나라이다.
② 이것은 내가 찾고 있던 완벽한 집이다.
③ 이곳은 아무도 살지 않는 버려진 집이다.
④ 우리는 사람이 많지 않은 장소를 찾고 있다.
⑤ 나는 내가 태어난 집을 기억한다.

해설 ①, ③, ④, ⑤는 장소를 나타내는 선행사가 있고, 빈칸 뒤에 완전한 문장이 이어지므로 관계부사 where가 알맞지만, ②는 빈칸 뒤에 불완전한 문장이 나오므로 관계대명사 which를 써야 한다.

15 정답 ③

해석 그녀는 내가 아는 가장 키가 큰 여자이다.
그가 알기를 바라는 것은 내가 그를 정말 사랑한다는 것이다.

해설 선행사가 최상급, 서수, the only, the very이거나 all, every, no, some과 같은 부정대명사와 비슷한 의미일 때 관계대명사는 that을 쓴다.

16 정답 ④

해석 일 년 전만 해도 인기 있었던 상점들이 현재 빠른 속도로 문을 닫고 있다.

해설 '주격관계대명사 + be동사'는 생략 가능하다. 선행사가 복수이고 관계사절에 과거를 나타내는 부사인 a year ago가 있으므로 be동사는 were가 오는 것이 알맞다.

17 정답 ③

해석 무슨 일이 벌어질지라도, 나는 네 편이 될 것이다.

해설 no matter what = whatever

18 정답 ③

해석 그녀가 화가 난 이유를 설명해 줄 수 있니?

해설 the reason why는 선행사 혹은 관계부사를 생략할 수 있다.

19 정답 ⑤

해석 저기에서 책을 읽고 있는 소녀가 누군지 알고 있니?

해설 '주격관계대명사 + be동사' 형태는 생략할 수 있기 때문에 who is가 생략된 reading이 알맞다.

20 정답 ①

해석 ① 나는 네가 누구에게 투표하든지 신경 쓰지 않는다.
② 누가 이기든지 나에게는 중요하지 않다.
③ 이것이 내가 영어 단어를 외우는 방법이다.
④ 그것이 아무리 어려울지라도, 너는 그 문제를 해결해야 한다.
⑤ 당신의 나라에 대해 알고 있는 것을 이야기해 주세요.

해설 '누구를 ~할지라도'의 뜻인 목적격 복합관계대명사 who(m)ever가 알맞다.
② win → wins
③ the way how → the way 또는 how
④ However it may be hard → However hard it may be
⑤ that → what

서술형 주관식 문제

1 정답 The theater which[that] we visit every weekend is always full of many people

해석 그 극장은 항상 사람으로 가득 차 있다.
우리는 주말마다 그 극장을 방문한다.
우리가 주말마다 방문하는 그 극장은 항상 사람들로 가득 차 있다.

해설 두 번째 문장의 the theater는 첫 번째 문장의 The theater를 가리키므로 목적격관계대명사 which[that]를 사용하여 한 문장으로 만든다.

2 정답 The player who was injured during the game was carried to the hospital.

해석 경기 중에 부상을 당한 그 선수는 병원으로 후송되었다.

해설 '주격관계대명사 + be동사'는 생략 가능하다.

3 정답 Exercise helps control our weight by using extra calories which[that] we ate.

해석 운동은 우리가 섭취한 여분의 칼로리를 사용함으로써 체중을 조절하는 것을 돕는다.

해설 목적격관계대명사는 생략 가능하다.

4　정답　She walked in the rain all day, which caused her to catch a cold.

해석　그녀는 하루 종일 빗속을 걸었는데, 그것이 그녀를 감기에 걸리도록 했다.

해설　계속적 용법으로 쓰여 앞 문장 전체를 선행사로 받는 관계대명사 which를 사용한다.

5　정답　I visited California, where I met an old friend of mine.

해석　나는 캘리포니아를 방문했는데, 그곳에서 나의 오래된 친구를 만났다.

해설　계속적 용법으로 쓰이는 관계부사 where를 사용한다.

수능 절대 문항 맛보기　　p.108

1. ①　2. ③

1　정답　①

해석　Koi(비단잉어)는 본질적으로 잉어와 같은 어종이다. 그들은 이빨이 없기 때문에 먹잇감의 크기가 삼킬 만큼 작으면 동물성이든 식물성이든 거의 모든 것을 먹는다. 가장 고품질의 Koi는 일본에서 양식되며, 그곳에서는 Koi 양식이 큰 사업이다. 그들은 특히 등의 색깔과 무늬를 위해서 양식되는데, 왜냐하면 그들이 물속에서 수영할 때 등이 가장 눈에 띄는 부분이기 때문이다.

해설　앞에 선행사인 anything이 나와 있으므로 관계대명사 that이 들어가는 것이 적절하다.

어휘　essentially 본질적으로
swallow 삼키다
breed 사육하다
raise 기르다, 양식하다
specifically 특히
visible 눈에 보이는

2　정답　③

해석　Guild War의 게임 환경은 세 개의 주된 단계로 나뉘어 있다. 우선, 한 팀이 임무를 수행하기로 결정을 하면, 그 팀에게 그들의 지도에 접근할 수 있는 권한을 준다. 이 지도에서 각 팀은 다른 팀을 침범할 수 없다. 이 지도에서 벌어지는 어떤 일이라도 그것은 한 팀의 선택에 의해서만 전적으로 결정된다. 역동적인 문

제가 발생할지라도 게임 환경과 이것이 영향을 주는 방식은 대부분 게임 전략에 대한 팀의 선택 때문일 것이다.

해설　문장 구조상 주어 역할을 해야 하므로 선행사를 포함한 복합관계대명사 Whatever가 와야 한다.

어휘　environment 환경
split 나누다
mission 임무
determine 결정하다
strategy 전략

Chapter 10
접속사

Fragment 01 상관접속사   p.110

A 1. nor 2. but 3. not only 4. Either 5. but
B 1. are → is
      2. getting → to get 또는 to go → going
      3. and → or
      4. are → is
      5. or → and

A 1. James는 친절하지도 않고 참을성이 있지도 않다.
      2. 내가 좋아하는 과목은 수학이 아니고 역사이다.
      3. 그 신입사원은 현명할 뿐만 아니라 열심히 일한다.
      4. Jonathan이나 나 둘 중 하나는 그 질문에 답을 해야만 한다.
      5. 나는 그가 부자라서 좋아하는 것이 아니라 잘생겨서 좋아하는 것이다.

B 1. 그 소방관 뿐만 아니라 그도 위험에 빠져 있다.
      2. Jenny는 아침에 일찍 일어나는 것도 싫어하고 밤에 일찍 자는 것도 싫어한다.
      3. 나는 산책을 하거나 책을 읽을 것이다.
      4. 그 아이들뿐만 아니라 아빠도 크게 웃고 있다.
      5. 모든 학생이 그 선생님을 향해 존경심을 가지고 있고 믿음도 가지고 있다.

Fragment 02 명사절을 이끄는 접속사   p.111

A 1. that 2. that 3. that 4. that 5. Whether
B 1. The trouble is that
      2. Whether he will accept or not
      3. that she doesn't blame me
      4. that I will be
      5. whether[if] he will do his best

A 1. 나는 그 커피가 브라질에서 재배되는 것을 알았다.
      2. 문제는 그들이 여기에 제시간에 도착할 수 있느냐는 것이다.
      3. James는 내가 그의 스마트폰을 잃어버렸다는 것을 이미 알고 있었다.
      4. 너의 꿈이 실현된다는 것은 불가능하다.
      5. 엄마가 새로운 게임 패키지를 나에게 사줄지 안 사

Fragment 03 부사절을 이끄는 접속사   p.112

A 1. Though 2. When 3. unless 4. so that
      5. If
B 1. for my body aches all over
      2. should fall down the cliff
      3. although it is snowing
      4. so funny that
      5. As we are teenagers

절대 내신 문제   p.113~115

1. ④ 2. ⑤ 3. ① 4. ③ 5. ⑤ 6. ① 7. ④
8. ③ 9. ① 10. ② 11. ① 12. ③ 13. ② 14. ④
15. ③ 16. ② 17. ⑤ 18. ②, ⑤   19. ④ 20. ②

[서술형 주관식 문제]
1. so, that
2. It, that
3. If you don't have a passport
4. If I don't mark them down
5. Neither, nor, stopped

1 정답 ④
      해석 그 남자는 가난할 뿐만 아니라 또한 게으르다.
      해설 not only A but also B: A뿐만 아니라 B도

2 정답 ⑤
      해석 헬렌 켈러는 들을 수도 없고 볼 수도 없었다.
      해설 neither A nor B: A와 B 둘 다 ~이 아닌

3 정답 ①
      해설 'both A and B: A와 B 둘 다'라는 의미의 상관접속사가 적절하다.

4 정답 ③
      해설 know의 목적어로 명사가 와야 하며, 문맥상 '~라는 것'이 자연스러우므로 명사절을 이끄는 that이 와야 한다.

5　정답　⑤
　　　해석　① 나는 내가 속았다는 것을 깨달았다.
　　　　　　② 실상은 그가 부정직한 사람이라는 것이다.
　　　　　　③ 우리는 그것을 조심스럽게 생각해 봐야 할 필요가 있다.
　　　　　　④ 나는 지난밤에 John이 차에 치였다고 들었다.
　　　　　　⑤ 어제 나는 그녀가 추천했던 그 일식집에 갔다.
　　　해설　①, ②, ③, ④의 that은 명사절을 이끄는 접속사로 쓰였고, ⑤의 that은 관계대명사로 쓰였다.

6　정답　①
　　　해석　① 그녀가 오늘 밤에 도착할지 안 할지 모르겠다.
　　　　　　② 그가 우리와 함께 하는지 아닌지는 나에게 매우 중요하다.
　　　　　　③ 스스로 통제할 수 있도록 계획을 세워라.
　　　　　　④ 관중뿐 아니라 연설가도 웃고 있었다.
　　　　　　⑤ 더 질문이 없다면 회의를 마치겠습니다.
　　　해설　명사절을 이끄는 whether가 know의 목적어 역할을 하고 있다.
　　　　　　② If → whether
　　　　　　③ in order to → in order that
　　　　　　④ were → was
　　　　　　⑤ don't 삭제

7　정답　④
　　　해석　① 그의 주장이 사실인지 의심스럽다.
　　　　　　② 나는 그녀에게 그것을 한 번 더 할 것인지 물어보았다.
　　　　　　③ 내가 그를 개인적으로 만날 수 있을지 모르겠다.
　　　　　　④ 네가 원하지 않는다면 그렇게 할 필요는 없다.
　　　　　　⑤ 제가 당신께 이런 질문을 해도 될지 모르겠어요.
　　　해설　④의 if는 '만약'의 뜻으로 부사절을 이끈다. 나머지 if는 '~인지 아닌지'의 뜻으로 명사절을 이끈다.

8　정답　③
　　　해석　나는 Peter와 Kevin 둘 다 무죄라고 믿는다.
　　　　　　너와 Smith 둘 다 리포트를 완성하지 못했다.
　　　해설　both A and B는 복수로 취급한다.

neither A nor B는 B에 동사의 수를 일치시킨다.

9　정답　①
　　　해석　A: 너는 다가오는 휴일 날에 무슨 계획 있니?
　　　　　　B: 응, 날씨가 맑으면, 강을 따라서 자전거를 탈 거야.
　　　해설　if나 unless는 모두 조건의 부사절을 이끌기 때문에 미래의 일이라도 현재시제로 표현해야 하며, 내용상 날씨가 맑은 것이 자연스러우므로, ①이 가장 알맞다.

10　정답　②
　　　해석　당신은 곤경에 처했을지라도 평정을 유지해야 한다.
　　　해설　주절과 종속절의 내용이 상반되므로 '~에도 불구하고'의 뜻을 나타내는 although가 들어가야 한다.

11　정답　①
　　　해석　우리는 좀 더 멋진 풍경을 보기 위해서 더 높이 올라갔다.
　　　해설　문맥상 '~하기 위해'가 들어가야 하므로 목적을 나타내는 접속사인 so that이 알맞다.

12　정답　③
　　　해석　내 막내 동생은 내가 그를 찾을 수 없도록 큰 나무 뒤에 숨었다.
　　　해설　so that … may[can] 구문은 in order to나 so as to 구문으로 고쳐 쓸 수 있다. that절의 주어가 주절의 주어와 다르므로 for me 형태로 써야 하고, 부정어 not은 to 앞에 위치한다.

13　정답　②
　　　해석　이해하지 못하는 사람이 너 뿐만은 아니야. 나도 이해가 안 돼.
　　　　　　나는 그가 천재이거나 바보일 거라고 생각한다.
　　　해설　either는 부정문에서 '~도 또한 (않다)'의 뜻으로 사용된다.
　　　　　　either A or B는 'A 또는 B 둘 중 하나'의 의미이다.

14　정답　④

해석 그는 술을 마시지 않는다. 그는 담배를 피우지 않는다.

그는 술과 담배 둘 다 하지 않는다.

해설 neither A nor B는 'A와 B 둘 다 ~않다'의 뜻이다.

15 정답 ③

해석 나의 남자친구도 나도 그 파티에 가지 않았다.

해설 neither A nor B는 그 자체가 부정의 의미이므로, 다음의 동사는 긍정의 형태만이 올 수 있다. 따라서 go의 과거시제인 went를 써야 한다.

16 정답 ②

해석 그들은 폭우가 내렸음에도 불구하고 밖에 나가야 한다고 주장했다.

Thomas는 부상 때문에 팀에서 제외되었다.

해설 첫 번째 문장 빈칸 뒤에 주어와 동사가 있고 문맥상 '~에도 불구하고'의 뜻이 되므로 though가 와야 한다.

두 번째 문장 빈칸에는 문맥상 이유를 나타내는 because of가 와야 한다. because 뒤에는 절(주어 + 동사)이 나와야 하므로 빈칸에 들어갈 수 없다.

17 정답 ⑤

해석 그는 많은 코미디 영화를 보았지만 기분이 나아지지 않았다.

해설 두 절을 but으로 연결하고 있고, 빈칸에는 양보의 부사절이 필요하므로, though나 although를 이용한 절이 와야 적당하다.

18 정답 ②, ⑤

해석 서두르지 않으면 우리는 약속에 늦게 될 거야.

해설 unless는 'if ~ not'의 의미로 이미 부정의 뜻이 포함되어 있으므로 부정어와 함께 쓰지 않는다.

19 정답 ④

해석 ① 그것이 사실인지 아닌지는 확실치 않다.
② 나는 건강을 유지하기 위해 매일 조깅을 한다.
③ 그녀는 수줍음을 타기 때문에 다른 사람과 절대 이야기하지 않는다.
④ 너는 아마도 거짓말이 나쁘다는 말을 들어

보았을 것이다.

⑤ 그는 지도를 잃어버렸음에도 불구하고 박물관으로 가는 길을 찾았다.

해설 명사절을 이끌어 told의 목적어 역할을 하는 접속사 that이 들어가는 것이 알맞다.

① if ② so that ③ because ⑤ although

20 정답 ②

해석 그 영화는 어린이뿐만 아니라 어른들에게도 흥미를 끌 것이다.

해설 not only A but also B = B as well as A

서술형 주관식 문제

1 정답 so, that

해석 이것은 너무 복잡해서 내가 조립할 수 없다.

해설 'so + 형용사 + that + 주어 + can't
= too + 형용사 + to부정사'

2 정답 It, that

해석 그녀가 거짓말을 했다는 것은 확실하지 않다.

해설 That이 이끄는 절이 주어로 나왔을 경우, 가주어 it을 사용하여 'It ~ that ~' 형태로 바꿔 쓸 수 있다.

[3~4] 열심히 일하지 않으면, 너는 해고될 것이다.

3 정답 If you don't have a passport

해석 여권을 가지고 있지 않다면 탑승할 수 없다.

해설 Unless는 'If … not'으로 고쳐 쓸 수 있다.

4 정답 if I don't mark them down

해석 나는 적어 놓지 않으면 할 일을 잊어버린다.

해설 Unless는 'If … not'으로 고쳐 쓸 수 있다.

5 정답 Neither, nor, stopped

해석 형도 나도 컴퓨터 게임을 끊지 못했다.

해설 neither A nor B는 'A와 B 둘 다 아닌'의 의미인데 자체가 부정의 의미이므로, 동사는 긍정의 형태가 되어야 주의한다.

1. ①   2. ③

1   정답   ①

해석   시력에 관해 근거 없는 이야기들이 흔히 있다. 예를 들어, 어떤 사람들은 안경을 너무 일찍 쓰는 것이 눈을 약하게 한다고 생각한다. 하지만 어린 나이에 안경을 착용함으로 인해 눈의 구조가 바뀐다는 것을 보여 주는 증거는 없다. 잘못된 안경을 착용하는 것도 그만큼 해롭다. 흐릿한 불빛에서 독서를 하는 것이 시력 감퇴를 야기한다는 또 하나의 근거 없는 이야기가 있지만, 그것 또한 사실이 아니다. 빛이 너무 없으면 눈의 활동을 더욱 힘들게 만들어 눈이 쉽게 피로해지고 긴장되는 것은 사실이다.

해설   ①은 believe의 목적어가 되는 명사절을 이끄는 접속사가 들어가야 하는데 because는 부사절을 이끌기 때문에 that이 들어가는 것이 적절하다.

어휘   myth 미신
eyesight 시력, 시각
weaken 약하게 하다
harmful 해로운
dim 흐릿한, 희미한
strain 긴장시키다

2   정답   ③

해석   야생 동물에 가까이 가는 것은 어려운 일이다. 어떤 동물들은 코뿔소가 하는 것처럼 당신에게 달려들지도 모르는데, 그러면 당신은 도망가야 할 것이다. 기린과 같은 어떤 동물들은 당신에게서 너무나도 빨리 도망쳐 버려서 그것들을 가까이서 거의 볼 수 없다. 또 어떤 동물들은 너무나도 희귀해서 발견하기가 힘들다. 하지만, 당신이 동물원에 가면 이 모든 동물과 더 많은 동물을 아무런 어려움 없이 볼 수 있다. 그리고 그뿐만 아니라, 동물원의 동물들은 안전하게 창살이나 담장 안에 있으므로, 당신은 원하는 모든 것을 볼 수 있다.

해설   '너무 빨라서 근접해서 볼 수 없다'는 의미이므로 so fast that이 되는 것이 적절하다.

어휘   charge 달려들다, 돌진하다
rhinoceros 코뿔소
barely 거의 …않다
rare 드문, 희귀한

Chapter 11

비교급

Fragment 01 중요 원급 비교 표현   p.118

A   1. same   2. long   3. soon   4. twice   5. as

B   1. well as you
2. twice as thick as
3. as soon as possible
4. as interesting as the last one
5. not so(as) hot as

A   1. 그녀의 새로운 티셔츠는 나의 것과 똑같다.
2. 나는 네가 돌아올 때까지 기다릴 것이다.
3. 나는 가능한 빨리 그 결과를 알고 싶다.
4. 그 휴대폰의 스크린 크기는 이것의 두 배이다.
5. Jenny는 그녀가 가능한 한 많은 책을 읽기로 결정했다.

Fragment 02 중요 비교급을 이용한 표현   p.119

A   1. the better   2. more and more
3. The bigger   4. more   5. any longer

B   1. the bigger of the two
2. shorter and shorter
3. any longer
4. the more interesting it will become
5. more beautiful than that one

A   1. 더 많이 연습할수록 너는 시험을 더 잘 볼 것이다.
2. 요즘, 점점 더 많은 사람들이 제주도를 방문한다.
3. 그 두 가방 중 더 큰 것이 좋아 보인다.
4. Tylus는 잘생겼다기보다는 스타일이 좋다.
5. 나는 더 이상 너를 기다릴 수 없다.

Fragment 03 최상급을 이용한 중요 표현
p.120

A 1. teacher   2. second   3. one
4. the most creative   5. the third

B 1. second → the second
2. girls → girl
3. the players → the best players
4. two → second
5. taller → the tallest

A 1. 네가 이제까지 배운 선생님 중 누가 최고니?
2. 내 컴퓨터가 사무실에서 두 번째로 오래되었다.
3. 벌새는 세계에서 가장 작은 새 중 하나이다.
4. Tylus는 내가 만난 사람 중에 가장 창의적인 사람이다.
5. 이것은 서울에서 세 번째로 높은 빌딩이다.

B 1. James는 마을에서 두 번째로 힘이 센 남자이다.
2. 그녀는 내가 이제까지 본 가장 아름다운 여자이다.
3. 영국 프리미어 리그에서 가장 뛰어난 선수 중 하나가 박지성이다.
4. 이것은 세계에서 두 번째로 긴 강이다.
5. Elizabeth는 그녀의 반에서 가장 키 큰 소녀이다.

Fragment 04 비교급 · 최상급에서 알아 두어야 할 것
p.121~122

A 1. very   2. much   3. much   4. much
5. very

B 1. any other, other boys, so[as] tall as, No
2. to
3. as[so] precious as, any other thing, precious than, Nothing
4. to
5. No employee, more diligent than Tylus, the other employees in the office

A 1. 나는 Jenny가 매우 활기찬 사람이라는 것을 알았다.
2. 달팽이는 거북이보다 훨씬 느리다.
3. 우리 집은 쇼핑몰로부터 많이 떨어져 있다.
4. 나의 아들은 작년보다 훨씬 활동적이다.
5. 건강은 내 삶에서 매우 중요하다.

B 1. Smith는 그의 팀에서 가장 큰 소년이다.
2. 브라질 축구팀은 우리 팀보다 FIFA 랭킹이 높다.

3. 시간은 가장 소중하다.
4. Alice는 Susan보다 3살 많다.
5. Tylus는 사무실에서 가장 부지런하다.

절대 내신 문제
p.123~125

1. ①   2. ⑤   3. ④   4. ⑤   5. ③   6. ②   7. ②
8. ③   9. ④   10. ⑤   11. ②   12. ④   13. ③   14. ④
15. ②   16. ③   17. ②, ③   18. ⑤   19. ①   20. ①

[서술형 주관식 문제]
1. Fewer and fewer
2. one of the most important things in my life
3. the most boring movie I had ever watched
4. ruder than all the other students in our class
5. No one can be more stubborn than

1 정답 ①
해석 그의 질문에 대한 답변은 내 답변보다 더 훌륭했다.
해설 의미상 '더 훌륭하다'가 되어야 하므로 good의 비교급 형태인 better가 들어가야 한다.

2 정답 ⑤
해석 그것은 내가 지금껏 본 영화 중 최고였다.
해설 의미상 최상급이 들어가야 하며 최상급은 'the + 최상급'의 형태로 나타낸다.

3 정답 ④
해석 나는 내가 예상했던 것보다 그가 훨씬 더 몸무게가 많이 나간다는 것을 알았다.
해설 비교급 more 뒤에는 원급이 와야 하므로 비교급인 heavier 앞에 올 수 없다. 나머지는 모두 비교급을 강조하는 부사다.

4 정답 ⑤
해석 어떤 사람은 다른 사람들보다 부자이다(키가 크다, 더 똑똑하다, 더 지적이다, 가장 이기적이다).
해설 빈칸 뒤에 than이 있으므로 비교급임을 알 수 있다. ⑤는 최상급의 형태이므로 빈칸에 들어갈 수 없다.

5 정답 ③

해석 그녀는 비행기보다 기차로 여행하는 것을 더 좋아한다.

해설 prefer to는 '~을 더 좋아하다'의 의미로 비교급이지만 than 대신 to를 쓴다.

6 정답 ②

해석 나는 Roger만큼 힘이 세지 않다.
→ 나는 Roger보다 힘이 덜 세다.

해설 '~만큼 …하지 않다'는 '~보다 덜 …하다'와 같은 뜻이므로 「less + 원급 + than」으로 써야 한다.

7 정답 ②

해석 그는 재미있기만 하다면 어떤 책이든 무방하다고 생각한다.

해설 as long as는 '~하는 한'의 의미이다.

8 정답 ③

해석 ① 나는 내 막내 남동생보다 키가 크지 않다.
나는 내 막내 남동생만큼 키가 크지 않다.
② 그녀는 오렌지보다 포도를 더 좋아한다.
그녀는 오렌지보다 포도를 더 좋아한다.
③ 그녀는 나보다 다섯 살 어리다.
그녀는 나보다 다섯 살 연상이다.
④ 내게 휴가만큼 즐거운 것은 없다.
내게 휴가가 가장 즐겁다.
⑤ 내가 이곳에 오래 머물었기 때문에 나는 이 도시를 좋아하게 되었다.
이곳에 오래 머물면 머물수록, 나는 이 도시를 더욱 좋아하게 되었다.

해설 senior to는 '~보다 나이가 많은'의 뜻이므로 younger than과는 의미가 반대된다.

9 정답 ④

해석 ① 내 가방이 네 것보다 더 무겁다.
② 나는 네가 가진 것의 절반의 책을 가지고 있다.
③ 그는 실제만큼 더 늙어 보이지는 않는다.
④ 내 카메라는 네 것보다 세 배 비싸다.
⑤ 그 남자는 가능한 빨리 그 집에서 뛰쳐나왔다.

해설 원급의 배수 표현은 「twice[three times 등] + as + (형용사·부사) 원급 + as」로 쓴다.
① you → yours ② am → have

③ older → old   ⑤ can → could

10 정답 ⑤

해석 샌프란시스코의 기후는 시애틀의 기후보다 온화하다.

해설 비교의 대상이 반복되는 경우 that[those]로 대신할 수 있다. 비교 대상은 climate로 단수이므로 those를 that으로 고쳐야 한다.

11 정답 ②

해석 학생들은 시험이 이전에 비해 훨씬 더 쉽다는 것을 알았다.

해설 very는 원급을 강조하는 부사이다. 비교급을 강조하는 부사인 much, a lot, far 등으로 고쳐야 한다.

12 정답 ④

해석 내 기분을 전환하는 데에 음악만큼 좋은 것은 없다.
내 기분을 전환하는 데에는 음악이 최고이다.

해설 '부정주어 … as[so] + 원급 + as'는 최상급과 같은 의미이다.

13 정답 ③

해석 그 교회는 이 도시에서 가장 오래된 건물이다.
→ 이 도시의 그 어떤 건물도 그 교회보다 오래되지 않았다.

해설 원급을 이용한 최상급 표현은 「부정주어 ~ as[so] + 원급 + as」 형태로 쓴다.

14 정답 ④

해석 네가 컴퓨터 게임을 하는 데에 시간을 조금만 보낸다면, 너의 성적은 더 오를 것이다.
→ 컴퓨터 게임을 하는 데에 시간을 덜 보낼수록, 너의 성적은 더욱 오를 것이다.

해설 'the + 비교급, the + 비교급'은 '~하면 할수록 점점 더 …한'의 뜻이다.

15 정답 ②

해설 '점점 더 ~하다'의 뜻을 나타내는 비교급 표현은 「비교급 + and + 비교급」이다.

16 정답 ③

해석　나는 할 수 있는 한 그 문제를 빨리 해결하기 위해 노력했다.

해설　동사를 꾸며 주는 부사의 원급이 들어가야 한다.

17　정답　②, ③

해석　① 요즈음 날씨가 훨씬 더 따뜻하다.
② 아무도 그것에 대해 나보다 더 많이 알지 못한다.
③ 나는 가능한 많은 장소를 방문할 계획이었다.
④ 맨해튼은 세계에서 가장 분주한 도시 중 하나이다.
⑤ 도쿄의 물가는 서울의 물가보다 높다.

해설　① very → much, a lot, even, still, far 등
④ 'one of the + 최상급 + 복수명사' city → cities
⑤ 비교 대상이 Seoul이 아니라 Seoul의 물가(price)이므로 대명사 that을 써야 한다. Seoul → that of Seoul

18　정답　⑤

해석　① David는 학급에서 노래를 가장 잘 부른다.
② David는 학급에서 다른 어느 학생들보다 더 노래를 잘 부른다.
③ 학급에서 어떤 학생도 David보다 노래를 더 잘 부르지 않는다.
④ 학급에서 어떤 학생도 David만큼 노래를 더 잘 부르지 않는다.
⑤ 다른 학생들 또한 David만큼 노래를 잘 부를 수 있다.

해설　①~④는 최상급의 의미를 나타내지만 ⑤는 원급의 의미를 나타낸다.

19　정답　①

해석　꾸준히 공부하는 것이 정말 중요하다.
자신의 감정을 표현하는 것이 훨씬 더 중요하다.

해설　very, really 등은 형용사나 부사의 원급을 강조할 때 사용하고, 비교급을 강조할 때는 much, a lot, still, even, far 등을 사용한다.

20　정답　①

해설　내 여행 가방은 12kg이다. 너의 여행 가방은 4kg이다.
→ 내 여행 가방은 네 여행 가방보다 세 배 무겁다.

해설　배수를 나타내는 원급 표현은 '배수사(three times 등) + as + (형용사·부사) 원급 + as'로 쓴다.

서술형 주관식 문제

1　정답　Fewer and fewer

해석　점점 더 적은 수의 사람이 고전문학을 읽는 것에 대해 관심이 있다.

해설　'비교급 + and + 비교급'은 '점점 더 ~한'의 뜻이다.

2　정답　one of the most important things in my life

해설　'one of + the 최상급 + 복수 명사'는 '가장 ~한 것들 중 하나'의 뜻이다.

3　정답　the most boring movie I had ever watched

해설　'the 최상급 + 명사(+ that) + 주어 + have + (ever) + p.p'는 '이제까지 ~한 것 중 가장 …한'의 뜻이다.

4　정답　ruder than all the other students in our class

해설　'비교급 + than + all the other + 복수 명사'는 비교급 형태이지만 최상급의 의미를 나타낸다.

5　정답　No one can be more stubborn than

해설　'부정주어 ~ 비교급 + than'은 최상급의 의미를 나타낸다.

1. ①   2. ②

1   정답   ①

해석   나의 유일한 여동생과 나는 다른 어떤 아이들 보다도 어렸다. 우리가 어렸을 때 어머니는 종 종 치료를 하시던 손길을 멈추고 우리를 데리 고 산책을 나가셨다. 어머니는 항상 내 동생을 오른쪽에 두고 아주 발랄한 그 작은 아가씨를 잘 통제했다. 나는 어머니의 왼쪽에서 걸었으 며 어머니는 내 오른손을 잡아 주셨다.

해설   비교급을 이용한 최상급 표현으로 '비교급 … + than any other + 단수 명사~'로 표현해 야 한다.(children → child)

어휘   take time off (잠시) 쉬다
medical 의학의, 의술의
have control of ~을 제어(통제)하다
lively 생기에 넘친, 발랄한

2   정답   ②

해석   아프리카인들은 왜 태양이 달보다 더 밝게 빛 나는지에 대한 전설이 있다. 그 전설에 따르 면 신은 달을 만들고 다음으로 태양을 만들었 다. 처음에는 달이 태양보다 크고 밝았다. 그 래서 태양은 시기심에 차서 달을 공격하였다. 그들은 밤낮으로 다투고 몸싸움을 했다. 그러 고 나서 또 그들은 싸웠다. 결국, 태양이 달을 진흙 속에 내던졌고, 진흙이 온통 달을 뒤덮었 다. 그러자 달은 더 이상 전처럼 밝지 않았다.

해설   '비교급 + and + 비교급' 표현은 '더욱 더 ~ 한'의 의미인데 이때 앞에 정관사는 붙이지 않 는다.

어휘   legend 전설
jealous 질투하는, 시기하는
wrestle 몸싸움하다
mud 진흙
splash 튀기다, 더럽히다

Chapter 12

특수 구문

Fragment 01 강조   p.128

A   1. do   2. in the world   3. the very   4. that
    5. in the least

B   1. What on earth(in the world) is the matter with you?
    2. Juliet is the very girl of my dreams.
    3. It was Thomas that she was talking to yesterday.
    4. Jenny is not afraid of the darkness at all (in the least).
    5. I do think it's a pity.

A   1. 나는 항상 우리 형제들을 정말 사랑한다.
    2. 도대체 누가 시간 안에 돌아올 수 있나?
    3. 이것은 내가 읽고 싶어했던 바로 그 책이다.
    4. 내가 어제 만난 건 바로 Christina다.
    5. 나는 결코 그 질문에 답할 수 없었다.

B   1. 도대체 문제가 뭐니?
    2. Juliet은 내가 꿈에 그리던 소녀이다.
    3. 그녀가 어제 이야기를 나누던 사람은 Thomas 이다.
    4. Jenny는 결코 어두움을 두려워하지 않는다.
    5. 나는 그것을 정말로 딱하게 생각한다.

Fragment 02 도치   p.129

A   1. were   2. did I   3. went the bus
    4. he seen   5. Neither

B   1. Never did I dream that James lost the game.
    2. His spare time he spends reading comic books.
    3. On the hill stood a beautiful old tree.
    4. Nothing does my father know about my girlfriend.
    5. Very happy was the girl who received the gift.

A 1. 해안을 따라 작은 차모로족 마을이 있다.
2. 너의 작품에서 어떠한 실수도 발견할 수 없다.
3. 언덕 너머로 버스가 내려갔다.
4. 그렇게 대단한 일몰을 본 적이 없었다.
5. Ben은 바이올린을 연주할 수 없다. 나도 못한다.

B 1. 나는 James가 그 경기에서 졌다고 절대 생각하지 않았다.
2. 그는 여가 시간에 만화책을 읽으면서 시간을 보낸다.
3. 언덕 위에 아름다운 고목이 있다.
4. 나의 아버지는 나의 여자친구에 대해 아무것도 모른다.
5. 그 선물을 받은 소녀는 매우 행복했다.

Fragment 03 부정   p.130

A 1. Not   2. No one   3. Not   4. not   5. little
B 1. 나는 그 파티에 관해 어떤 의견이 없다.
2. 그 혜성에 대해서 정보가 거의 없다.
3. 엄마는 밤에는 커피를 거의 마시지 않는다.
4. 모든 작업자가 유니폼을 입었던 것은 아니다.
5. 모든 학생이 그 새로운 선생님을 싫어한다.

절대 내신 문제   p.131~134

1. ①   2. ②   3. ③   4. ⑤   5. ④   6. ③   7. ②
8. ③   9. ⑤   10. ⑤   11. ⑤   12. ④   13. ②   14. ④
15. ②   16. ③   17. ①   18. ⑤   19. ②   20. ②

[서술형 주관식 문제]
1. Neither can she.
2. It was William Shakespeare that wrote Hamlet.
3. It was at the supermarket that I happened to see him today.
4. Seldom does he have coffee at night.
5. Never have I borrowed from friends.

1 정답 ①
해석 내가 베토벤의 피아노 선율을 정말 좋아한다는 걸 너도 알잖아.
해설 일반동사를 강조할 때는 do동사를 시제와 수에 맞춰 사용한다.

2 정답 ②
해석 그가 내 말을 전혀 듣지 않는 것이 나를 화나게 한다.
해설 부정문을 강조하는 at all 또는 in the least가 알맞다.

3 정답 ③
해석 그녀는 내가 오랫동안 찾아왔던 바로 그 소녀이다.
해설 명사를 강조할 때는 the very를 쓰며 '바로 그 ～'로 해석한다.

4 정답 ⑤
해석 내가 쇼핑몰에서 우연히 Joan을 만난 날은 지난주였다.
해설 It … that 구문으로 강조하고자 하는 구문을 넣어 강조할 수 있으며 '～한 것은 바로 …이다'로 해석한다.

5 정답 ④
해석 아프리카의 코끼리에 대한 쇼를 방영했던 것은 채널 11번이었다.
해설 It과 that 사이에 Channel 11을 넣어 강조하고 be동사의 시제는 본동사의 시제와 일치시켜 was로 쓴다. 문장의 나머지 부분은 that절 뒤에 그대로 쓰면 된다.

6 정답 ③
해설 부정어가 문두에 오면 동사가 일반동사일 경우, '부정어 + do/does/did + 주어 + 동사원형'의 형태로 쓴다. 현재시제이므로 does가 와야 한다.

7 정답 ②
해설 부사구가 문두에 오면 주어와 동사가 도치된다. 원래 문장은 'A wide river runs between the villages.'이다.

8 정답 ③
해설 보어가 문두로 오면 주어와 동사가 도치된다.

9 정답 ⑤
해석 ① 그는 첼로를 정말 잘 연주한다.

② 나는 누가 범인인지 정말 알고 있다.

③ 그들은 스페인 여행을 참 좋아했었다.

④ 나는 가게에서 구경하는 걸 정말 좋아한다.

⑤ 우리는 오전에 한 시간씩 운동한다.

해설 ⑤는 일반동사로 쓰였고 ①~④는 동사를 강조하는 조동사로 사용되었다.

10 **정답** ⑤

해석 ① 그녀가 정말로 사랑했던 사람은 Jason이었다.

② 그가 지난밤에 잃어버린 것은 신분증이었다.

③ 그들이 일을 시작하는 시간은 11시이다.

④ 밤늦게 나에게 전화를 건 사람은 Chris였다.

⑤ 아침 일찍 일어나는 것은 내게 어렵다.

해설 ⑤의 that은 진주어를 이끄는 접속사로 쓰였고, ①~④는 'It … that' 강조 용법으로 쓰였다.

11 **정답** ⑤

해석 그들은 더욱 사려 깊은 사람이 되었다.

① 너는 나를 좋아하니?

② 어떻게 지내니?

③ 너는 사과를 좋아하지 않지, 그렇지?

④ 나는 숙제를 해야만 한다.

⑤ 그녀는 과거에 나를 정말 사랑했었다.

해설 보기와 ⑤는 동사를 강조하는 do의 용법으로 쓰였다.

12 **정답** ④

해설 부분 부정은 not[never] + all[every/always/both] 등으로 나타낸다.

13 **정답** ②

해설 전체 부정의 뜻이 되어야 하므로 None이 오는 것이 알맞다.

14 **정답** ④

해석 ① A: 그 얘기를 듣게 되어서 무척 기쁘군요.

　　 B: 저도 기뻐요.

② A: 전 국내 곳곳을 여행하는 걸 좋아해요.

　　 B: 그도 역시 좋아해요.

③ A: 난 영어 문법에 익숙하지 않았어.

　　 B: 나도 그랬어.

④ A: 즐거웠습니다.

　　 B: 저도 마찬가지예요.

⑤ A: 나 한숨도 못 잤어.

　　 B: 나도 그래.

해설 ④의 had는 일반동사의 과거형이므로 had가 아닌 so did I로 써야 한다.

15 **정답** ②

해설 주격 관계대명사절 who could 사이에 삽입절 I think가 와야 한다.

16 **정답** ③

해석 ① 그는 지난주에 집에 도착했다.

② 농구를 하고 있는 저 남자를 아니?

③ 나는 프랑스에 가 본 적이 없다.

④ 나는 버려진 개를 발견하고는 먹이를 주었다.

⑤ 규칙적으로 식사를 하는 것이 나에게는 쉽지 않다.

해설 '부정어 + have(조동사) + 주어 + 동사'의 어순이 되어야 하므로 Never I have been을 Never have I been으로 고쳐야 한다.

17 **정답** ①

해석 Sam은 수영할 수 있는데, Brian도 할 수 있다. 나는 정치에 관심이 없는데, 그도 마찬가지이다.

Kelly는 버스를 타고 학교에 가는데, John도 그렇다.

해설 조동사 can이 있으므로 동일하게 can을 써야 한다.

부정문에 대한 동의가 되어야 하므로 neither가 들어가야 한다.

goes가 일반동사이므로 수와 시제를 일치시켜 does를 써야 한다.

18 **정답** ⑤

해석 ① 그녀는 파티에서 춤을 춰 본 적이 전혀 없다.

② 경험은 실로 너를 더 나은 사람으로 만들어준다.

③ 무대 위에 유명한 가수가 서 있다.

④ 그의 아버지는 그가 태어난 바로 그 날에 돌아가셨다.

⑤ 의사가 생각하기에 거의 죽었다고 생각된 그 남자는 기적적으로 회생했다.

해설 ⑤ 삽입절인 '주어 + 동사'는 관계사절 사이에